真是神話人生

何坦◆著

序言

這本書用《真是神話人生》做標題，只因為它是其中一篇文章的題目。書中其他的各篇文字，都與神話無關，是以「人」，而非以「神」為中心話題的寫作。

此處以「人」為主題的文字，和一般談人生問題的做法跟想法，稍有不同。這裡最關心的事體，不是個人之間的離合悲歡，也無關被人當做熱門話題的飲食男女，而是特別強調生而為人都免不了，也逃不掉的：心靈的追求跟嚮往、人生價值感的抉擇，和生命的理念是什麼？要充實，要高明，要悠久？或者要繁華似錦的歲月。對此，作者的信念是：作為二十一世紀開始，處身在多元紛擾世界中的我們，如果不能有所辨別，抉擇和堅持自己篤信為真的理念和原則，被動的在沉淪下墮的頹勢中廝混。到頭來，自己又必須承受那種不是自己願意承受的結果。那是個人的困擾，總是能夠避免的好。

筆者在書中所表明的，只是自己關於人生在世的，這個那個想法，或者說是供你參考的不成熟的建言。談到人生的意義和目的是什麼，這裡談到的，不是成家立業，顯親揚名，反而多是些跟這個有點間隔距離，不很直接相關的道理跟事體，似乎不切實際，卻又十分重要，很有意義。

這一點使我想到自己的早年，背負著家中祖父輩的期望，少小離家。在我的心裡，真正吸引我，驅動我的，是自己在學校課內課外閱讀，所接觸到的，廣大世界和時代的呼喚。就是說，是個人的心志，加上所處的時代文化、社會風習的影響，使我從家庭走向社會，從小世界走向大世界，也許，形體上渺小的我，無論是走到那裡，都仍舊是平凡渺小的形體。可是，我們能思想的心卻隨著自己對新知識的追求，新觀念的吸收和創發，乘興的在古往今來的廣大天地遨遊。所見，所知，所思跟所感，把生命活動的本質，以及它存在的時空，不可思議的放大，提升，純化，豐富到超乎原有的模樣。人的生命在成長，成長到不太像是原來的自己了。

本書中的文字，都是曾經在文學刊物中發表過的。這些文字，現在的時宜性仍然很強，仍然滿有可供社會廣大年輕朋友參考的價值。為此，筆者以誠摯的心，把它奉獻出來，接受大家的指教和檢驗。

何坦

民國九十三年一月

目次

一、真是神話人生

民國七十年十一月份的《明日世界》月刊，登了一篇黃小莉翻譯的文章：〈地球的最後一章〉。這篇專文本是發表在美國八月份出版的《科學文摘》上，原作何人，譯者沒有註記。不過讀過全文之後，不難知道它乃是專家們經過幾番綜合研究，加上個人的深思整理所得的結果。歐美科學家近數十年鑒於自身的孤立，及科學新知的乏人了解，努力於以通俗寫作，向社會大眾介紹最新的科學新知，用意可以說十分深遠。該文之作，設想其目的之一，也是在幫助世人，了解地球這個我們人類生命所寄託的地方，對於我們生命所在的時空背景，有更多的認識。《明日世界》把這類文章介紹到國內來，自然也是基於這樣的用心。

〈地球的最後一章〉說了什麼

〈地球的最後一章〉這篇文章，談的雖然是地球跟太空科學的有關知識，卻與人生有非常深切遠大的關係。我們仍可以從人類生命意義的角度去讀它、去領受應該領受的啟示，增加對於人類求生存一事的體認和了解。我就是因為用這種觀點詳讀該文，讀後才覺得心靈深處引起了不算小的激盪。覺得該文所陳述的地球和宇宙時空之大，並沒有讓我感到人生的渺小。我反而因此想到生而為人，生命的莊嚴，和精神力的無遠弗屆。該文所談，似是人生的神話，也真正神話了人生。是值得我們人對自身的存在，重新作深長思考的。

〈地球的最後一章〉所提供的，關於地球、宇宙人生的知識和問題，是這樣的：

宇宙跟地球、太陽系都是有生命的。所以都有誕生、成長、衰老和死亡。如此形成森羅萬象、生生不息，億萬年也不會終止。

文中提出了一個問題是：「人類會自我毀滅及破壞其他生命形態嗎？」以下描繪了種種人類生存行為面臨的災難，跟末日景象的預猜：

其一，是一般人知道的石油燃燒，增加大氣層二氧化碳的濃度與氣溫。（大約十八年上升三度。以此推算，地球上適合人類生存的溫度，還可以維持一百五十十年。）形成兩極冰融，現有陸地多被淹沒；以及全面核子戰爭的毀滅後果。

其二，是地殼以每年四公分的速度緩緩滑動，加上地球的自轉，會形成巨大地震與火山爆發，改變地球現有地塊結構。也改變如今南北半球溫帶地區冬寒夏暖相互交替的結構，促成下一個冰河時代來臨。地球上這種變化的週期大約是五萬年。

其三，地球可能和其他巨大的星體碰撞。據稱，地球上每天都有數以百計的隕石落下，較大的每年平均有二十五顆。每一百年平均有兩次巨大星石撞擊地球。每八千萬年可能會發生一次地球和巨大慧星的撞擊，造成毀滅性災害。

其四，是月亮可能帶來的危機。如潮汐拍擊地表，像剎車般使地球的自轉減慢，每一百年慢千分之一秒。這種情形影響，依物理上自動與反動法則推測，日久將使地球上一日和一月的時間長度增加。數億年後，一日和一月的長度將會達到現在的兩倍。即一天四十八小時、一月有六十天。更可怕的是這種情形將會改變地球與月亮繞行的關係，使月亮中心離開地心近在一萬哩左右。月球對地球潮汐的影響將增大一萬五千倍。那時候，地球表面會有高達千呎的巨浪，以每小時五千哩的速度橫掃地球。海浪與地表磨擦生熱，升到沸點。屆時，潮汐運動會把月亮撕成兩半，如此迅速的逐次分裂，形成一個繞圍地球的微粒環。

至於太陽，它的存在有五十億年，它已經把核心的氫轉變成為氦氣，如此繼續不斷，終使其核心收縮，放出引力，變得更亮、更熱、更大（高温一億度，加亮一千倍）。終至於大到把附近的水星、金星和地球吞噬掉。

如此而後的人類往何處去？專文作者表示：「幾十億年的光陰，將會讓我們能夠面對這些災難的挑戰。」專文又說：「我們會建立太空殖民地，會在更遠的星球或衛星上繁衍……生物會有死亡，生命卻是綿綿不絕。」

對於人類向太空避難，具體的情況描繪是：人類將會在五十億年之後遷出地球。其中，有三十億年時間，人類在地球安全軌道中穿梭，住「活動房屋」。後二十億年，人還是不斷移動，先住木星，最後是住在土星，土星上可能有生物等待著人類。人類由太空看到地球，會興起懷鄉的情緒──它已經變成一個亂石堆積的星球。再以後，土星會變小變白。人類種族會分裂，一部分另找新的星球，一部分仍然被逐漸變冷變小的太陽吸住。專文的結尾說：「我們該如何做呢？或許，會像一個巨大氫彈，將我們推離太陽。也許，會利用一些我們做夢也沒有想到的方法，逃離太陽。無論如何，我們還有一百至一百五十億年去做計劃。」

我想到生而為人的巨大、神聖與不可知

說一句實在話，即使我對於以上所引述的，科學家對於和人類未來預測的正確度全然相信，我也沒有被它嚇住。因為那些事離開我們實在還遙遠得很。遙遠的程度，如果拿我們個人肉體生

命的長度來比，幾乎可以認為它不可思議。我倒是從以上的描述當中，反身看出了人類偉大的新形象，和人的精神領域，智能限度的擴展所及，比我們現在所知所能，要大得多，大到對現在的人類而言，是神聖與不可知。我對於自己生而為人這件事，感到前所未有的興奮、喜悅，增加了無比的自尊自重，和無限信心。

我們人類有鑒於宇宙之大，常不免怨嘆自身的微小與無常。我們所以有這種煩惱，是因為我們僅知從物質或肉體方面認識自己。有人想到，就已知光速在一秒鐘所走的距離，竟是人類身體長度的一億五千萬倍。宇宙老人即使用他的高倍率顯微鏡看我們，恐怕也難能發現到我們的存在。因此就有人以為，人在這宇宙中完全沒有重要性可說。人就是自暴自棄的活下去，不拿自己的生命當一回事，也算不了什麼問題。

我們不同意這種態度和論斷。我們所以如此，不是基於主觀的願望，而是基於事實和我們切身的體驗所證明。另一些學者指出，人的肉體形象，所佔的時空有限，人體可以目視的疆界，一方面是皮膚，一方面是消化跟呼吸器官的黏膜層。物質或肉體上的人，也有其不可侵犯性，肉體的人又生來就有其自我維護、生長，以及對外來刺激作適當反應的能力。肉體的功能，使我們人與週遭環境有複雜而長遠的交通，擴大了人體存在的影響，引發出人的智力跟精神活動。

學者們又說：人體的大小在原子與星體之間，它的長度等於廿萬個生元組織；或兩百萬個通常的微生蟲；廿億蛋白質分子相接的長度，和一個電子、原子、分子和微生物比較，人未嘗不可說自己是個龐然大物，是個神。

我們真正需要知道的，是從人的智力或精神力的強大來看，人並不是一個「小東西」。從精神人格的意義上說，「我們每一個人，都比他的身體大得多，也複雜得多。」

我們不難想到，有許多事實跟東西，可以證明我們人的精神力的存在，比肉身大而長久得多。具體而言，如長城和金字塔、如其他巨型的建築、各式的機械工程結構、精密電腦、電子遙控裝置；又如書籍的發明與製作、聲光的傳遞與保存，其所佔據或涉及的範圍，都比人體要更為巨大而且長久。再加想到人的知識創造、積累、傳遞和運作能力，竟使人敢於預測未來億萬年外，跟浩渺太空之外的事。人而且已經把自身所創造的物件（如火星與土星探險太空器），對極其遙遠的事物進行了解。這些事實，都證明人的存在，不是肉體的大小，或肉體生命的短促所能限制得了的。人的肉體所擁有的時空之小，和人的精神力所已經擁有及可能達到的時空之大，簡直不堪相比。精神上的人，才真是無所不在的龐然大物，是擁有極大能力的神的化身。

從身邊瑣事看人，也極不平凡

即使以更為切近的事例，證明人的精神或人格生命比肉體生命要遠為巨大，也並不難。比如我們睡在床上，身體之小，填不滿一張草席。可是，我們在床上讀書、看友人來信或在想自己的心事，卻可以跟千萬里外，乃至古今中外的人保持連繫。我們可以透過無線電傳播，得知遙遠距離以外的事。有些人的影響所及，可以下垂數千年，或伸展到全國乃至於全世界。從另一個角度看，你會發現，一個母親失掉孩子的愛心，失掉自己一隻胳臂的痛苦更為深長。這些事實同樣使我們知道，人的生命的存在，不限於肉體，且遠大於肉體，也比肉體高貴強韌得多。我們作為一個人的尊嚴與無限展望，主要是建立在這樣的基礎之上，才有真實的意義。

再換一個角度看，人所以在精神智能上突破肉體和物質的限制，伸入廣闊的時空領域。不單是憑自己的所想知跟所能，更是因為他透過和別的很多人的連繫，承受了人類總體智能的巨大財富和力量。他的生命受到全人類生命力的滋養和支持，他和別的其他人的生命力，產生了相加相乘的結果。這是非常重要的一件事。一個人跟別的其他人智能的相加相乘的關係，用一般的說法，是愛心、信義、忠勇、責任、恕道、智慧、善美的追求等這些高尚的德性所相交織、相激盪的結果。人與人也有互殺相仇彼此否定的，也有基於自私愚昧而否定前人智識積累的成果的，但是總結起來算，人類生命的總資財，還是「所得」遠大於「負債」，善德的力量總是比惡德強盛而永久。人越來越明白一件事，就是把有益於促進生命和諧發展的德性，視為生命存在的成長的原則，一如太空各天體所必然遵循的軌道，相勗永遠遵守。

人的精神力，有一個不約而同，共相奔赴的方向，那就是盡一切所能，突破物質生命「有限」的樊籠，向著更大更久終至於無限的領域追求。人的這種努力，在生理而言，是致力於生兒育女，作種族的繁衍；在精神方面，就是不斷作知識技能的開發，追求人生的富美跟無限發展。想到世間其他生物也有繁衍種族的能力。相比之下，我們就知道，人之所以為人，最高的意義，不僅在於我們有更為完美的肉體，而更在於我們憑著這個有限的肉體生命，一直在做著無限發展、無限創造的美事。人一代一代的生成，不是如某些植物花卉，也不是如蝴蝶跟白鷺鳥，只能作物質生命的重複顯現，為自然界生命的呈露添一份情景。人的努力，除了這些，還為生命本身不斷增加新的東西，把生命力本身作更高遠、更繁富美好的伸展。人能夠做得到這一點，是人的尊貴，也是人的睿智與勝利。我們似乎可以說，人的這種「走向」跟「做法」，正符合了宇宙生命哲學的本義：即最好的生命，是向善的、唯美的、主動的、向無限莊嚴、擴大和神聖境界發展的。

人的肉身生命，有再發展的可能

現代學者對於人之所以為人的事，認為即使在肉體生命上，也還是可以有新的發展。人的精神和智能力量，更可以再塑造。必須如此，人才能適應未來生存的要求，承擔更為難的責任。因此有人說：「曾經使物質世界發生改變的科學，也給予人以改變他自己的權力。」他甚至於認為：「宇宙是按照我們身體的情況，來改變它的形象的……物理學家用以表示日落的電磁波，並不比畫家所感覺到的那種輝煌色彩，更為真實……快樂和憂傷，正如行星與太陽一樣……宇宙的美，必然隨著我們感官上和心理上諸般活力的力量而增長。」也就是因為人有這種自我肯定的信念，人已經開始從各方面研究「人的重鑄」的方法。因為，科學家所發現所創造的物質世界，對於肉體有限的人固然巨大，可是對於一直在追求精神無限生命無限的人類來說，它卻是太狹隘了。人，是一個物質實體，也是許多精神活動的中心和發射點。生命的本義，就是超越實體，超越有限，向內在、向外作無限延伸。人在物質上可以淡泊守缺，在精神生命的追求，並不甘於如此。

至尊至貴，神話人生

筆者藉以上所述，說明我們重視精神、重視生命價值的必要。這一點認定，無論在自然科學跟生命哲學上，都是有根由的。我們從這裡看到了生而為人的非凡與至尊至貴之處。深望能喚起人們做人的信心和勇氣。最後，容我借用美國一位勞工出身的、以後被尊為學者專家、思想界的怪人賀佛爾的一段話，結束本文。賀佛爾說：「人是唯一沒有創造完成的動物。他永遠不滿意和不完全。他的靈魂永遠橫遊於善惡兩端之間。他不斷想做完全的人，想做完上帝未完成的工作，因而做出一些高尚的事情來。」

讀賀佛爾的書，我對他說的有些話並不皆以為然。但，他以上這幾句說辭，對於啟發我們做人的思考，實在有點道理。

事實上，人生就是如此，人也必須做到了這些，我們才能如本文開始所引述的〈地球的最後一章〉的預見，衝破重重巨大的災難，甚至於比該文作者所預見的情形更好，把災難消彌於未然。這樣，人就不會用億萬年的時間忙於逃難，而是以有用的智能，去做更為美好的事情，去編織更加引人入勝的神話人生了。

附註：本文中，後段引述學者所講人類生命的意見，加了括號的話，都是《人．未知者》一書著者艾力克斯．卡瑞爾所說，該書是劉光炎先生翻譯。

二、我的神明崇拜

幾件近事，神的問題

林洋港先生任台灣省主席時，到澎湖去，他聽到報告說：澎湖全縣九十七個村里當中，有一百四十多所寺廟。林主席曾經慨嘆的表示：那裡的寺廟似乎嫌多了些，澎湖的情形使我想到台澎地區的七千二百三十九個村里，幾乎平均每個村里都有一所寺廟。這種情形的存在，從國民文化生活情況的角度來看，它顯然是向我們表示：我們的民眾是多麼習慣於生活在民族傳統文化溫柔的薰陶裡，多麼離不開他們慣常依靠的神——一個超我的智慧和力量。這種也許不是每個人都喜歡的情形，對於我們的意義是甚麼呢？

國內有人提到一向支持美國民主黨的天主教信徒，最近這些年正在大量增加之中。當今世界最進步、富裕的美日兩國，新興的宗教卻最發達。事實上，我們也知道，由我國人士所默默推動的佛教，也正在美國蓬勃發展。佛教信徒也不斷增加，一所很具規模的佛教學院，也將誕生。美國，這個看起來某些方面仍在敗壞中下墮，卻又是知識爆發、科學昌明的國度，竟有上述情形的發生，所顯示的意義又是甚麼？

大陸上的共黨頭目，最近又聲聲叫嚷著，表示他們是無神論著，強調他們偏執的反知識，反人性、反精神傾向。與這種現象同時傳出來的消息，又告訴我們今天的大陸同胞，正興起著一種風尚，就是信教、拜神、祭祖、算卜看相的日見盛行。大陸同胞趁著共黨不得不放鬆壓抑的當口，突破了三十年的禁忌，向神的信仰回歸，這種情況所顯示的意義又是甚麼？

人類自上古時代迄今，所以能創造出現在的文明，是由於代代都有睿智的人物出現，這些人的心中都有所追求。他們的處境艱苦，他們在人生的路上攀升所憑藉的又是那麼少。比較起來，今天的我們，處境要好得多。我們已經得自前人和他人的賜予，幾乎可以使我們為所欲為。我們理當比前人攀升得更高。事實所以並不如此，原因與後果，也都在人的自身。我們也知道現在人的大病，是迷信與無信，聖人說「人而無信，不知其可也。」不知其可，怎麼能免於惑亂呢？西方有些知識份子，把挽救這種情形的辦法，說成是找回「荒野的智慧」。認為信神乃是發於人類內心深處，來自荒野的鄉愁。我們以為不是這樣。世人信神，不是回顧、不是懷鄉，而是新的理想化、美化、高質能化自我的塑造。我們不是要「求」什麼，而是渴望從有限走向無限，渴望有所完成。

我們試一回顧，從尼采宣佈上帝死亡，人在一度興奮、騰歡雀躍之後，旋即陷於心靈上的無助跟惶恐。他們先是以狂亂為自由，表現為種種又霸道又荒謬的藝術流派。繼而又轉為孤獨悲悽的吶喊，表現為失落自我的文學。這期間，幸而有兩次大戰的壯烈拼鬥，和大戰之後的經濟復興、科技飛躍，為人們建造了一個在古人而言堪稱是「傳奇夢想實現」的花花世界，吸引了大多數人的心神，使他們暫時忘卻了痲痺虛空之苦。然而，也就在這同時，隨著共黨勢力上升泛濫的虛無主義，和無神論思想橫行世界，形成了人類性行的敗壞，罪惡事件的猖獗無度，隨著知識財富的積累等量增加，有識之士，不特為自身的遭際叫苦，而且為人類未來可能面臨全體滅絕的命運悲，分別對人類發出不同的呼喚，要大家警醒，然而，我們警醒以後的人生，又該是甚麼樣呢？

是真的無神？還是神死了

尼采先後在他的兩部書《歡樂的智慧》和《查拉圖斯特拉》中說過：「上帝死了！」後人由此斷章取義的高唱無神論，無神而加上「知識爆發」，才導致人類文明有今天的危機。基督教聖經舊約上說：「末世，知識就必增長」。這話是說，人因為擁有相對性的，有限意義的知識而無神，就會變得輕狂邪惡，走向荒謬毀滅。尼采明白這一點，他說「上帝死了」之後，接著就追問：「是誰把上帝殺死了」？他不分日夜提著燈籠尋找，最後找到了，他說：「是我們把上帝殺死了」。他說的「我們」，指的是宗教的叛徒，他實際上是在尋找神明，他說：「我們近代最大的危機，是在各種高尚的價值裡面，尤其是宗教所呼號，所標榜的神聖價值，已經被毀掉了。」（摘自方東美演講集）

法國天才橫溢的啟蒙運動大將伏爾泰曾說：「基督教的建立歸功於十二個無知的漁人，現在我要讓世界知道，我一個法國人就可以把它消滅」。他說基督教的聖經，百年之後，必成為一本過時而被人遺忘的書，人們只能在古物陳列館中找到。事實卻是，伏爾泰死後二十五年，家人把他的房子賣給日內瓦聖經會，存放聖經，他的印刷所被用來印行聖經，完成了整套版本。而伏氏的遺作，屬於某圖書館的存書九十二冊，一共賣了兩塊錢。

此處提伏爾泰這段故事，並非有意全然的否定他，貶抑他。只在說明無神觀念的不當，對於個人而言，竟是如此令人難堪而又可怕。對眾多的世人來說，無神論者，原在高舉人的自我。實際上，人會因此憑有限的，相對性的知識，把自身拘限住，弄得迷失而充滿痛苦，怨天尤人，鹵莽滅裂，開始是心中無「神」，後來是目中無「人」，人變得虛無而又殘狠起來了。

今天的西方人，還有若干知識份子偏執著無神的謬見，他們仍舊堅持知識科技並不為宗教信仰提供園地。說上帝的存在，跟任何絕對性事物的存在，永恆秩序，都沒有邏輯支持或沒有意義。讓人稍稍感到欣慰的是，歐美人士對於和持正、高舉人倫關係的中國儒家學說，有越來越發深濃的嚮往之情。而儒家學說的根本懷抱，是有「人」論，是由「人」再推展到「天」或「神」的超人哲學。

我對中國人神明崇拜的看法

中國古代的聖人說：「天視自我民視，天聽自我民聽。」這些話，表現出我們有其身其心上通神明的自尊和自信，我們不是滿懷著謙卑跟軟弱感的罪人。我們拜神，在精神狀態上，乃是一種高自期許的心向表露。我們深信，人必自救，而後神救；超凡入聖，全在人的自身。

問我們所認識的，對於中國人的「神」的概念是什麼？我的回答是：中國人所崇拜的神，必須有其超凡的、「最大供獻」、「完全勝利」、「完美呈現」、「絕對真誠」，是「人心之所同然」的「真理和願望」；必須使我們免於物質力量的綑綁，免於荒謬墮落，使我們快樂而悲憫，行健而超升。

換句話說：中國人信神，原本乃是發於內心深處，一體認同的英雄崇拜、超人憧憬。信神乃是一種對於生命意義的超現實的嚮往，是人在精神上要求肯定自我、高舉自我的一種努力。我們敢於作如此想，說明了我們自信生命中有「神」——「聖而不可知之」——的屬性跟可能。我們不甘於只有一段世俗的、物化的有限與短暫的飲食男女，功名利樂的人生。

歷史上的人物，現在被我們尊奉為神的，他們的成就也並不全是這樣。可是他們確實曾經使自己的精神和行事表現，在特定的時空和情況中，達到了這樣的境界，攀升到這樣的高度。我們知道，我們人能夠完成的，也只是這樣。

一般人拜神，當然有免禍祈福的用心。拜神因此被指為愚妄、無知，說這種話的人忘了，生活的目的跟生命的意義，從昆蟲到人類，都不外求「安」與求「全」。人向他所信的，超人的智慧和力量祈求這些，常在他遭遇困阨和絕望的時候，人由大自然一切的生滅運行，看到其中有一個整然不亂的秩序和因果在，因此深信，世間的人生活動也該如此，有一個永恒的整然不亂的原則，這些原則，如正心誠意、如博愛、如和平、如正義、如克難創造，生生不息等。人相信這一切做人的原則，必有一個超人的源頭或因由。全球的人，不約而同有些心理和行為傾向，能說全是出於「愚妄」、「無知」，沒有一點道理嗎？

盡性、修道、「至誠如神」

今天的中國人，由於對固有文化失去信心，人生背離了原有的軌道，依人浮沉，才招致了個人跟國家命運的衰敗。我們看得出，中國人遲早會在久經大慘痛的魔劫之後醒轉了站起來。我們既不會滿足今天的成就，我們今天的成就也不是「南朝」風景。我們的人生另有追求，這種追求，更不是所謂阿拉伯人的「末聖憧憬」，而是由我們每個人自身開始的，新人生的締造。那種人生，是新的有神論的建立，新的「天人合一」的再造。由這裡出發，直達到一個新文化、新國家、新世界的誕生。

我們中國人信神，或對神的崇拜，不只把它看成一種目標、一種人生的夢境、一種至好至大至美的居心，它也是一個人奮力升騰、低首工作的過程。因此它是有路徑可循的，可循的路徑是甚麼?聖人說：「盡性」、「修道」，說：「唯天下至誠，為能盡其性。」，因為「天命之謂性」，因為「修道之謂教」。聖人又說：「至誠如神」，由這樣的原點出發向前走、向上攀，致乎中和、不偏不倚，「極高明而道中庸，致廣大而盡精微。」我們由日常生活的瑣事中捕捉這種種的意蘊，心向著高明的青天，腳踏著寬厚的大地，點點滴滴的做下去，所謂「存誠」、「務實」，結果一定會做到：提升自我，放大自我，享有「無入而不自得」的人生。

三、從時間看人生

從一件近事談起

三月最後一個星期日的晚上，我和妻參加了女兒皈依佛教的法會。法會是在臺北市南京東路一處大廈裏，設在頂樓的「圓覺宗諾那華藏精舍」舉行。女兒在「成功大學」讀書，今年夏天就畢業了。這天和她同時參加皈依法會的，還有「成大」其他很多位男女同學。當天參加那次法會的人真是不少，整個大廳座無虛席。與會的人，大半是中年人以下的年輕人。後來的信眾，又分兩排坐在最前面地板上，氣氛相當熱烈隆重。我以觀禮人身份，注意法會進行，聽主持人智敏上師宣講的道理。所見所感，覺得有頗多想說的話。

我首先想到女兒在最近這些日子，她為學跟做人的態度上，顯示出一種想要向一個更高更新的層面突破，瞻前又不免要顧後的情境。她像很多其他在成長過程中的孩子一樣，比較任性，多盼望，有不少向外追求的觀想，以為人生幸福和快樂的意義，就是她的獲得比別人更多。由於太專注於把自己的獲得寄託在外面，自己的喜樂就比較容易受外在環境的影響。她這種喜樂由人不由已的情形，常叫大人替她擔心——其實成人世界的情形，又何嘗不是這樣令人擔心——擔心的原因之一，是年輕年由於太依賴感性，憑一時的好惡決定事情的好壞成敗。你如果把時間幅度稍稍拉長了看他們，就會發覺他們的行為和判斷力，常會犯錯。擔心過多挫敗感的累積，會使他們失去做人的信念，那就是很糟糕的事情了。

也就是因為這樣，我對於女兒這次皈依佛教的舉動，感到幾分安慰和深切的盼望。我所以如此想，並非說信佛的人就可以成佛，或不犯錯，沒苦惱。而是深知道佛理是教人從一個極其悠久廣闊的時空背景看人生，去判斷生命的價值。因而認為短暫的、眼前的得失，都可能是虛妄的、容易幻失的。所以，都可以放下，不必太在意它。佛教給世人的這種訓練，可以說正是世人，特別是今天自由富裕社會的年輕人，所需要的清醒劑。

在女兒皈依我佛前不久，當選中國佳樂小姐的凌蕙蕙，因為向選美會函索尚未取得酬勞的一輛汽車和一個月的薪資，被選美會宣佈取消資格，鬧成一則大新聞。凌蕙蕙真正的錯誤，不就在她太亟亟於追求眼前一時的榮利嗎？她顯然忘了從比較長遠的觀點考慮自己的利益和價值所在。不知道我們的社會，某些層面的現象也許有些浮華，或醜陋鄙薄的地方。但，遇到跟本身利害沒有直接關連的事情，大多數人還是相當的冷靜客觀，會有一種顯而易見，經久不變的共識跟判斷。比如什麼是好、什麼是壞；什麼是該、什麼是不該！都是不容假借和混淆的。世人的這種表現，越是把觀察的時空拉長拉大，越容易看得清楚。而且，是亘古不變的。人類這種長期和整體性的表現，是否也就是人的佛性的表露，我們不敢說，卻認為它必然是人性的一種本質，且跟佛性有關係。

佛與現代科學的時間觀念

以下，本文想從一般常識層面，略談佛家和現代科學研究所持的時間觀念，看它對於幫助我們安排人生，有什麼明示或暗示性的意義。

世人常以為，佛教中心總教人以全然否定現實人生的態度，向佛皈依，未免太不顧生而為人的情慾跟理念，似乎太消極，太使人難堪受用，因而，有些難以了解。於是，就問：佛家人常說人生在世，不論富貴、貧苦，都不過如電光火石，一轉眼成為過去。實際上，一個人由出生到正常的成長，成家立業，終於老死。其間也有好幾十年，甚至百年上下的時間，在人的感受上，實在也夠長的。怎麼佛教中人總把它看成極其短促，好像對於它不加珍惜，不屑一顧呢？

關於這樣的問題，這裏只想說明兩點：一、佛教人士並不全然否定現實的人生，反而勸人知道「人身難得」，要善用此生，多做應該做的事，以彌補生命的欠缺，充實生命的內涵，彰顯生命的意義。只是它也要世人明白，此生並非永恒，也不是生命的究竟，只是自我生命一個長期歷攀升的過程。二、佛家教人要從生命造就的全程所涉及的時空來看此生，人才會知道自己正是由那裏來又該往那裏去。人才會知道自己原來是什麼，是為什麼來、為什麼去。佛家人把人生幾十年，看成轉眼就成過去的電光火石的一瞬，就是由此而來的。

佛教的時間觀念，不求甚解的人會以為它太神秘，不可思議。所以，索性就不去多想，不必太拿它當真。也許那不過是一種超乎尋常的擴大形容之詞，如此而已。其實不然。認真研求過的人曾說，佛家的時間觀念是非常細密，有相當的科學性。現代物理學不同於古典物理學的地方，就是現代物理學，著意探討「微觀」跟「鉅觀」世界的真相。就微觀世界事物而言，佛家把人的一念，區分為九十個剎那。正如今人把時間中的一秒，分劃為數十百個相等的單位。時間被如此劃分以後，它的最突顯的意義，不是時間過得太快，而是讓世人警悟到生命的可貴，即使在極短的時間裏，人也可以有所突破、有所完成。

再就鉅觀世界的時間看，佛家把它劃拉長成超乎世人經驗常識的長度。比如把時間分成許多「刼」（或稱「刼波」，即時分）。「刼」又分為「小刼」、「中刼」、「大刼」。一個「小刼」的時間，是一千六百八十萬年（十歲的人，每過百年增加一歲，增加到八萬四千歲。再由此每百年減一歲，減到原來的十歲。如此往返所需的時間）。又二十個「小刼」，才合成一個「中刼」。四個「中刼」才合成一個「大刼」。識想一個「大刼」包含的時間究竟有多長多久？《佛說阿彌陀經》中講：「阿彌陀佛，成佛以來，於今十刼。」十刼為期一共是一億六千八百萬年。佛家人以此近乎無限長幅度的時間背景，看吾人數十年的人生，就彷彿是宇宙老人看我們，怎麼會不被看成轉眼即成過去的電光火石？怎麼會不生「短暫」的感嘆？

或者有人會說，上述佛家對時間的劃分，和人生的實際，也就是血肉人身的感覺能力，相去太遠，反而變成沒有意義了。再不然就是認為，小刼中刼大刼云云，怕只是關於時間的神話吧！這裏筆者想提醒世人，就是今天在世間生而為人的我們，我們何幸而有此人身，又何幸而在這個充滿苦難、匱乏和不平的世界上？我們之有今天，得享有現代文明人的生活，得享有更易於發展自己、提升自我的條件。怕是也已經過了若干個刼，時而上升、時而沉淪的慢長過程之後，才有今天的遭際吧！

再從現代科學知識看時間，這裏我們且不說物理學用於時間的研究，是如何艱深的大學問，也不用純學術的用語，說時間是空間的「第四座標」或是「第四度空間」。只想引述幾個常識性的數字，讓世人想到建立巨型的時間觀念，或者從巨幅時間觀點看人生，不但有必要，而且，有意義。例如：當我們知道，自己雖然是站在一處不動，仰望天空，我們腳下的地球，卻以每秒鐘十八點五英里的速度，繞著太陽旋轉。這是說時空是移動不停的。我們夜觀星空，感覺上是同時看到木星和金牛星。可是，一加入時間考量之後，結果就大不同了。因為，依光速，木星的光四十分鐘可到達地球。我們此時所見的木星，乃是它四十分鐘以前的樣子。金牛星距地球二百一十萬光年，所以，我們此所見的它，乃是金牛星二百一十萬年前的影子。再擴大而言，世人已知目前宇宙的大小的一百億光年（一光年九兆五千億公里），我們所在的太陽所據有的空間，是十萬光年。想想看，金牛星離我們有多遠？我們多了解這方面的知識，不只可引發我們探索太空科學的興趣，它也會使我們對人生的意義，有新的體悟。

忘記時間，在劫難逃

本文引證以上關於時間的數字，本意並不在研究佛學與科學，而在藉此加深你的印象，漸漸的養成一種習性，就是從長遠的，或巨型的時間背景來觀察人生，思索人生的意義和應該有走向。筆者不是說，勸人以佛家的「刧」的觀念，科學家計時的天文數字來考慮問題，不是的，我只是提醒，不妨把你現在只看眼前、只顧今天的時間觀念拉大一點。至少以一年、三年、五年，乃至更長的時間考量，去斟酌你該取的態度，決定該做或不該做的事。以往我曾有這樣的經驗，當我意氣激昂的要去跟別人爭語言上的對錯，或不顧親人的勸阻，執意去做某件事情。我會突然停下來想：這件事，要是過了兩個月或兩年以後，讓我重新考慮，我的決定會是如何？我如此放長了時間自問，防止了許多當時做了就會後悔的事，增長了若干智慧。在這種時候，我體會到時間的另一種意義。它不只是一張空白的顯示人生過程的布幕，等我們把自己的東西填上去，它本身就是一種實質性存在，是宇宙間最強而有力的東西。因為，世間能夠戰勝它的事物實在不多。而只要能透過它看仍然是對的事物，就一定不會錯，一定是好的。

古人說：「但願人長久」，這句話所包含的意趣，真夠人去探索、咀嚼一輩子，都受用不盡。這道理，不僅設想中的宇宙老人會這麼說，佛也是這麼說。在今天，凡事要爭著掛帥的，包攬一切的科學研究者，也終於這麼說了。因為，面對未來，現在才有意義；朝向永恒，片刻才不會失落。做人要是全然忘記了，或不顧時間的考量，真怕他註定是「在『刧』難逃」，有得後悔的了。

四、反生命崇拜

每一次，當我看到站在我面前的未成年的孩子，看到他們稚嫩的臉蛋，和滿是盼望的眼神，我就無法不想到擺在他們面前的，可望而又可及的未來世界的面影。想到有不少的人把孩子們註定要參與其中的未來世界的可能情況，描寫得那麼可怕，那麼怪異得令人吃驚，那麼和他們的盼望、和我們的祝福全然不同。我心中就會升起一股難以名之的人生的尷尬與苦惱，一股近乎絕望的悲哀情愫，悲哀到不忍心多看孩子一眼，不忍向他們提到關於明天就擔憂的訴說。

我天生是一個傾向於樂觀、寧願凡事盼望、凡事相信，不作興鑽牛角尖自尋煩惱的人。我也經常用心去蒐尋一些事實，一些被人發現的新的事實，支持我樂觀的論點。可是我也知道，如果我去做，我也可以找到夠多的事實和理由，得出令人憂心的相反的結論。在這種情形之下，我就不可避免的陷於深沉的痛苦中，又在痛苦中加深著對孩子的關愛跟同情。

我當然不能說，也不希望未來的屬於孩子們的世界，一定如西方人士所預測、所描述的情況。但是，有許多現在就已經發生的，可以作為未來世界形成徵兆的現實，和專家觀察研究所得的推斷，在在都向我們明示和暗示著：情況實在不妙，真個令人煩憂。如果我們不能起而有所作為，挽狂瀾於未倒已倒之間，孩子們的成年時代，將必然是一段至少是今日的我們所認為的雖然的「悲慘歲月」。值得警惕的一點是：歷史將會告訴後來的人，那些讓他們難堪的「悲慘歲月」，純是由於前人的疏忽、短視跟無為所造成的。

從《機械的神話》說起

造成人們對於未來世界懷著悲觀的事實很多。其中最突出和最不該為人忽視的一點，是人類「反生命崇拜」的迷惘，咄咄逼人而來，直扣你家他家我家的大門，已經在街頭猖狂威風了。

劉易士．曼福德（Lewis Mamford）在他的著作《機械的神話》中，說「最近五十年來，物質殲滅和人類死亡的總數量，已經為古代任何野蠻屠殺和破壞所不及」。而情形所以如此，基本的原因是現代科技的無限制的使用，也就是機械器物的使用，大量普及，神乎其神。他舉例說：「汽車是近代大量生產的典型勝利。但，自從一九〇〇年起，統計數字顯示，汽車所殺的人，要比美國歷次戰爭中所殺的人多出很多。」

事實上，自從機械的巨大力量越來越無所不能的籠罩了我們所生存的地球以後，人類所受的侵害還不止是這些，還有其更深刻、更根本性的一面。這更深刻、更根本性的一面，是這樣的：

其一是由於「機械神話」和技術主義的勢力，越來越反客為主的形成對於人類生存、內在和外在的侵擾。形成了如劉易士．曼福德所說的：「因為人類所寵愛的技術，和制度自動主義，已使人類本身受到毀滅的威脅。所以也就產生了具有同樣毀滅力的反攻──不僅攻擊文明本身，甚至於更攻擊維持人類繼續存在的基本秩序。」使得俄人杜斯退伊夫斯基在老早就發出預言：「近代社會的整個組織，連同一切法律道德，和技術進步，總有一天會被一腳踢開。」

杜斯退伊夫斯基的預言，不久就成為事實。政治、哲學、藝術和道德上的虛無主義者的出現，就是明證。屠格涅夫作品中虛無主義者代表人物巴查羅夫，被稱為「反英雄」。他甚至於主張對一切的傳統價值不予理會，把整個現存的社會結構摧毀，從頭來過。若干人接受了這種思想，一步步的走向「反生命」的敗德亂行，他們把淫亂、瘋狂、色情和自狂當做生命和藝術的最高表現。

其二是人們向龐大機械、龐大組織，和一切自動化的壓力投降之後，「放棄了某些足以使其安身立命的內在力量」、「破壞了自己對未來的信心」、「空虛的懶惰、空虛的刺激」（劉易士．曼福德語）使得人生充滿無奈，了無生氣。人甚至於懷疑自己還值不值得活下去？以及怎麼活下去。因為，過度的組織化、機械化，過度的受指導、過度的可預測的文化籠罩，使人性中殘留的些微自主和自在，全被吸收了去。所剩下來的，只有執意地、激情地作反生命的發洩了。

反生命崇拜的徵候

有人以為，反生命崇拜的第一個徵候，是以馬尼蒂為首的義大利的「未來派」。其後是政治上的法西斯主義、共產主義；藝術上的「達達主義」、「普普藝術」、「超現實主義」。如此發展下去，由藝術到反藝術，由生命到反生命，把人的心靈搞亂了也撕碎了。在這種情形下，「一切代表健康、平衡、清醒、理性、紀律、目標的東西，都遭到無情的攻擊。」大家只隨著大組織大機械的運轉，追求「無限的產量、立即的成就、巨大的利潤、無比趨時的威望」，自我宣揚。「在這種反價值的世界中，惡也就變成了善。」（劉易士．曼福德語），社會上心靈失常的人也就越來越多了。

對於上述情形的存在，最為敏感而且表現出強有力反抗的，是現代的青年人。他們為了反抗大技術、大組織，和物質主義的控制，不僅是反抗巨大的機械、反抗過份專精的知識。也反對任何高級心靈的表現，也反抗他們的長輩，反抗現存的權威和秩序。他們喜歡彼此相擁的守在一起，互相發生肉體上的接觸，感到彼此的存在，以求得到所渴望的安全和連續感。青年們這種感受和行動，有些是基於假想，或者出於他們敏銳的直覺。值得注意的是，他們的觀念和行為，分明是發於對生命自主的渴望，實際上卻使他們走上反生命的幽谷。他們的表現，正如《人類的理想》一書的作者，韓國學者趙永植先生說：「實際上視為一種頹廢的、反抗的、暴力的、破壞的，甚至是自暴自棄的心理運動。」、「他們這種『偉大』的拒絕，只不過是一種沒有腹案的、襤褸的否定現實而已。」

趙永植先生用一種比較冷靜的態度觀察今日世界，對上述情況表示他的看法，他認為：「現代文明的各部門，有顯現共同普遍性的趨勢，即（康德哲學中所說的）「二律背反」式的自我矛盾現象。「在政治、經濟、社會與文化等領域中，繼續加速發生變化無雙的相乘關係，同時產生生與死、前進與後退、飛躍與消滅之複合性相乘的相反運動。」他又加解釋說：「物質愈豐富，則人心應愈忠厚，生活也更幸福，但今日社會反而充滿互不相信之風氣，變成一個糾纏不清、反目不和、暴力、掠奪、中傷、謀略、戰爭的比武場。這種『二律背反』的現象，是如何造成的呢？」這似乎把問題又拖回到本文前述「機械的神話」中了。

要找的不是問題，是問題背後的答案

本文強調以上的問題，根本說來，並非出於對於人類未來命運完全悲觀的看法。而是在以此提醒有心的人，加深的注意這種發展，並且也嘗試用這樣的觀點，來了解當今世界的危機，跟各種問題發生的原因。比如民主、自由、和平、人權的誤用；道德、正義、法律權威的被抹煞；以及是非混淆、邪惡暴力囂張的所以然的原故，謀求對策，矯正謬誤，為明天的世界，開拓眾所期望的坦途。

我們真正的意思，不在突出「反生命崇拜」的事實存在、而在藉此反襯出「肯定心靈」、「肯定生命」的迫切必要。由此端正人類在文明生活中奮力自救的方向，在大組織、大機械的威逼中，奪回作為文明人的主動地位。

我們也發現，在我們努力於追求西方的科技現代化，民主法制現代化的時候，西方人卻對於我們東方文化中的人本主義、精神遺產、天人合一的生命境界，越來越產生其嚮往之情。這種情形，對於我們應該有良好的啟示。

本文最後想說明的，是我們切不要以為以上的問題離開我們尚遠，就無視它的存在。事實上，正如我在開始所說的，可慮的情況，已經是逼人而來，直叩我們家庭的門戶了。我們現在就開始做該做的事，在時間上已不是過早，而是稍遲。我們只要善於把握目前可用的時間，多方的努力，一個屬於孩子們的接近美好的明日世界，是一定會出現的。

五、走出知性的迷惘

知性，現代人生活態度的導向

我們生而為人，本是隨帶著一些願望和問題來到這個世界上。我們與生俱來的願望和問題根源之一，是總想主宰自己的命運。一部人類文明的發展史，可以說就是人類渴望主宰自身命運的奮鬥史。

數千年來，人類由草莽進入文明，直到現代，確實已經實現了一些願望，解決了很多問題。然而，今天的人類，不但沒能完全主宰自身的命運，眼前橫置的問題，反而是更大更多而且深刻之至。甚而至於，連古代賢人所發「汝當自知」的教示，也竟然沒有做到。人而不能自知，或不能有充分正確的自知之明，又如何能夠主宰自身的命運呢！

現代社會學家索羅金批評世人生活的危機時，曾經從各方面觀察事實，發現這種危機形成的原因之一，是世人儈於感性文化或感性生活的追求。而感性文化之為用，不只是虛幻多變，也是導致人的生活陷於沉淪和錯亂的力量。人要想走出這種虛幻多變、沉淪錯亂的迷惘之苦，可行的道路是提高知性、發揚理性，跟堅持對神的信仰。就其中，提高知性和發揚理性，憑籍現代人的智能，為自身開拓道路，早已成了今日進步國家的人，所一致崇尚的人生態度。這種態度，在最近兩百年來日漸為世人所接受、所多信不疑，正是現代工商繁榮、科技進步所以形成的主要力量。唯知性理性是尚的人生態度，早已是現代文明標幟，是一種生命跟生活的導向了。

現代人以知性為主的人生態度，它的萌生，是由於宗教精神的沒落。它的結果，已盡在世人的眼前和諸般感受之中。顯而易見的事實，是今日世界人類的科學昌明、知識爆發，使人的能力和知識影響所及，超過以往的人不僅是百千萬倍。如果只就某些特定的事項而言，甚多古人以為必有「超人」的「神通」才能做到的事，今天都可憑藉人的智力而優為之。知性有助於人力的是如此其大，大到使人感到驕狂，敢於宣稱「上帝已死」，視鬼神如無物。這種情形，若在兩千年前的人看來，簡直是太不可思議了。

為什麼世人的知性生活生病了

然而頗多人也許還沒有想到，正在大家口口聲聲要後起的人提高知性、發揚理性，矜誇人類知性文化勝利成果的時候，真正的有識之士，卻開始為人類陷於知性的迷惘發愁，感嘆著「知性的悲哀」了。一般社會大眾有越來越多的人在感性生活中迷失沉淪，也許正是世人對於過份崇尚知性或理性生活的逃避和抗議，是人類的知性力量畢竟有其限度、有時而窮的具體證明。

今天世人對於極端知性跟理性活動的厭倦與反抗，主要表現在幾方面：其一、是反烏托邦運動的興起；其二、是對於科學智能的限度，有更多了解，對科學知識的絕對正確性，開始表示懷疑；其三、是對於所謂「才俊政治之崛起」並不表示歡迎，而且心存畏懼；其四、是人性自覺，人本思想的活動再度升起；其五、是對於感性生活感性文化的貪戀追求，似乎是和知性活動的上揚互為因果，彼此激盪。

人的知性文化為什麼會遭遇今天這種抗拒或抑制的情況呢？以下幾點，或可做為思索問題根源的參考：

其一、是由於學者執意追求知識的客觀化、中立化，只追求本身邏輯的貫通與完整，和功能的無限提高無限擴大，使世間出現了一些反人性人情的大型組織，小視了每一個人的存在，壓制了個人的尊嚴與自由。大型機械的出現，也形成了對於人的威脅。面對著這些機械，人每每感到自身的渺小跟無能為力，覺得人不再是機械的主人，而是它的附件。居心不善的人，利用巨大的組織和機械功能對眾人施行暴力壓榨，以上情形，使人覺得「這世界不再屬於人，屬於『程序』，它屬於『機器』了。」有人甚至利用最新科技制約人的心理跟行為，也是人所以對知性活動恣意擴張，表示反抗的原因。

其二、即使最客觀的知識，也是人的創作跟發現，它不可避免的要隨帶著某種特有的觀點與世人相見。這種觀點，對於建立其自身的系統知識，固然有其便利，卻容易跟另一種知識或其他人獨創的同一類料的知識相互排斥，形成困擾，這是知識份子所以「相輕」相爭的原因。這種情形使人發現，理性化的知識，其正確性和可行性也只是相對的。它會被後來的新創見所取代。既然這樣，人也就不必過份的相信它、執著它了。

其三、是正由於理性知識不可避免的要隨帶某種觀點和條件，並非絕對客觀，再加上外界情形的複雜多變，使得有人發現，「理性是最容易錯的，是把人帶到危險境地的嚮導。」理性知識有「變體」出現，而每一種理性的「變體」，都自稱是世間唯一的真理。

其四、人之所以為人，不僅在於我們有理性，人也有反乎理知性的直覺判斷跟活動。人生宜有必然性的規律，卻也盼望有偶然性的發展。人固然渴望秩序，卻也渴望某種程度的混亂，因為人的某些長處或潛力，常會在偶然性的混亂和危難中顯現出來。美國心理學家斯肯納（B．F．Skinner）在討論「自由與對人的控制」時曾說：「那些讚美戰場上英勇行為的人，大概認為和平的世界並不比戰亂的世界更好。另有些人會排斥沒有憂愁痛苦，渴望或罪惡的世界，因為這樣的世界會使深沉感人的藝術品無從產生……一個沒有紛擾沒有邪惡的世界，便是一個空洞的世界。」斯肯納又說：「人實際上是在追求一個沒有英雄，也不再讚美英雄的和平的時代」，他說：「當我們為了阻止戰爭、飢餓、疾病與災難而行動的行動，我們便是走向那個目標……我會惋惜不再有英雄，但不會惋惜失去製造英雄的環境條件。」人為了保持相當的自由和主動性，寧願避開過份集體化、統一化、程式化的強制生活，使自己保有幾分幸福感。人的這種景況，猶如美國勞工界的怪人賀佛爾（E‧Hoffer）的那幾句話：「人早在做一只鍋、織成一塊布、或馴養一頭獸以前，就學會了繪畫、雕刻，和用泥土捏成東西了。人作為藝術家，比作為技術工人要早得多。」

知性生活如果過度窄化，特殊化，就會……

極端的知性活動，出發點也許是善，結果卻往往是惡，叫人難堪消受。這道理用父親教育子女的方式來說明頗為恰當。凡是要求子女過一種絕對理性、純潔、道德、無缺點生活的管教方法，結果多半會適得其反。因人性不是如此，人的賦性是複雜多樣的，是綜合呈現的。

本文的提出，不在反對知性文化或反對人過知性生活。人是理性的動物，理性是人之所以為人的優越條件之一，是不應該也不可能全被擯棄的。筆者提出這個問題，是因為看多了別人關於人生意義的主張，看多了人生現實各方面各層次的景況以後，發現今天的人，知識程度越高、傳統教養越好的人，在面對人生艱難跟複雜問題的時候，越覺得難以措手、無能為力。知識與信心不能同步升高；知識的積累和價值標準的追求，也並非同步前進；知識與快樂的獲得，也似乎並不相同。有人甚至於說：「知識即煩惱」。知識是人類知性活動的結果，今日人類最大的災難是共產赤禍，最悲慘的人生是共產暴政之下的人民，正是假知性文化之名，行反人性反知性文化之實所得的結果。更可怪的，在自由世界，竟有人刻意就共產暴力統治的種種作法跟結果，利用相對性的知識為之掩飾，加以美化或淡化，形成一種貌似言之成理的架構。如美國的「自由派」學人的所為，把人的知性活動，和人對知識的信賴，導引向錯誤有害的方向，人的知性被如此的誤用扭曲，不正該加以辯解和澄清嗎？

不要「看錯了世界，反說它欺騙我們」

還有，一般人基於知性文化跟知識的信賴，常常想當然爾的認為，人生的意義，在於追求一個合理的遠大的目的，求其實現，而那個目的，又是憑現有的知性和知識來理解認定，深信它是正確的。人生而有一個終生追求的目的，是好事而非壞事，在某些限度的時空關係當中，人也雖乎可以達到自己的某種目的。但人如過份固執的重視那個最終的目標，不能得到某種東西，就引為莫大痛苦的話，就近乎無謂煩惱了。因為，人生的問題，憑我們現有的知識作究極的探索，會發現，我們真正可能實現的是那個過程，或過程當中的許多事件的完成，而難能有最後目的的實現。明白的說，人生的意義為何？是沒有最後的標準答案的。當我們最後完成了一件事情時，往往以為是目的達到了。如果你站在剛剛到達的新高點，返身從更大的時空觀點來看，會看到它也不過是全程中的一點，前面還是有很長的路要走呢。

人生是什麼?吳稚暉先生生前一直這麼說：「宇宙不憚煩」，他的意思是指：人生也該是不憚煩的去做，去把握那個過程。最能把握人生意義的真際的，是 蔣公中正的那兩句話：「生活的目的在增進人類全體的生活；生命的意義在延續宇宙繼起的生命。」平心而論，像這樣一件巨大的工作，個人可能參與跟完成的，絕不是最後的目的，而是鋪奠奔向前方的道路。

我們反復的這麼中說，是盼望人能夠用堅強的理智，接受人生沒有最後標準答案的現實。如果你以此為苦，就要憑超越性智慧去處理自己的痛苦，而不必怨天尤人，像泰戈爾在《漂鳥集》

中所說的：「我們把世界看錯了，反說它欺騙我們。」超越性的智慧也許是附帶著感性的。但這不打緊，只要它使我們生命的姿態更為自立又洒脫，使我們走出知性的迷惘，因為人生的事一如政治中的事，它沒有「最好」，只不過是眾多不好或差強人意的情況中，作「較好」的選擇。對此，我們為免於更多的煩惱，只能在知性與感性、現實與超現實之中，選擇一個相交的均衡點，順勢走下去，最好是不偏不倚，有彼也有此。能夠這樣，我們才大致可以享有一段充實而有滋味、有光彩的人生了。

六、天體的聯想

那天傍晚，我下班回家，路經台北華中橋上，看到一輪紅日，在淡藍的天空冉冉下沉。情景之美，令人神為之奪。頓覺心中有一股喜悅的感念泛湧上來，其中滋味，真有不可以言語形容者。

從天際的落日想起

我久久注視著豐盈光彩的紅日，想到太空中一切天體都是圓的。想到生而為人的我們，都似乎與生俱來的，喜歡圓的事物、欣賞圓的構成、追求圓的境界，人幾乎可以說都有點圓形的崇拜。情形所以如此，其中一定有某種意義在，然則，這意義又究竟是什麼呢？

我知道我由一輪紅日，想到天體的圓、想到人類的圓形崇拜和愛戀，這種心態，是得自中國人傳統習性的啟示，就是凡事以天地為師，向大自然吸取智慧的營養。比如，古人觀察日月的運行不息，春夏秋冬的氣候變換，萬物的生滅榮枯，有一定的秩序，從無錯亂。因而悟出一種永恒運動的道理，把它運用在人事上，說：「天行健，君子以自強不息。」又如，古人做人，學上天的高、明，無所不覆；學大地的博、厚，無所不載。又從天地無言，成就萬物，學會了沉默跟包容。由於天地是永在的，人也因此相信，這或許就是大自然所默示給人類的生命的真諦。

直到大約距今三千年，我們的祖先把得自大自然的諸種教訓揉合起來，歸結成一句究竟話頭，一種人生境界：「天人合一」。用意是要後人法天、敬天，如天地之可大可久，永遠存在。可惜的是，後來的人大多只是把這句話掛在嘴巴上，輕率言談，實際上卻不再向大自然學習，不再敬天法天。而只是以人為師，向人學人，世間的事才自此越弄越亂，人的行徑也越來越發卑瑣。追求高明博厚的人生，人們只偶而在文章裡提到，或當作神話去聽了。

或許就是這種經常在胸中翻騰的感慨，使我很看重那天傍晚由一輪紅日所得的、圓形天體的聯想。我又想到：近代的人因為科學研究又重新注視上天和大地的諸般情況。經過三百年潛心研究探索，所學真是不少，世人因而享有了今天豐美利便的文明生活。這說明，我們人類，只要誠心實意的跟天地交往，就從沒有吃過虧，就總是有所收穫。

然而，也許我們人類太難能擺脫經久流行的卑瑣習性的羈絆了，今天的人只說「自然」，不稱「上天」。我們向上天要索的，又只重知識，不重智慧；我們對大自然的情況，懂得很多，卻缺少對上天和超越性真理執信的虔誠。也許就因為如此，我們享有了各種方便和富有，卻感到不安全也不快樂。我們甚至於感到自己是孤獨擺盪的畸零人，我們的世界要破碎了。

天體的圓，對人的意義是什麼？

因此我要說明：我心中想深求的，天體的圓對於人的意義是什麼？也就是我想知道，人究竟該從「一切天體都是圓的」永恒的現象中，領受什麼啟示？我追求的答案，不是科學的，而是哲學的；不是分析的，而是概括的；不是知識的，而是智慧的。即使是要吸收關於圓的、知識性的要素，我也希望以智慧的超越涵融的觀點去了解它、享用它，而不是單純把它作物理跟知識的運用。

我們觀察天體的諸圓，知道它們彼此有絲毫不亂的從屬關係，它們彼此吸引、相映照、相圍繞。當我們想到星系和星體形成的情形，想到行星與恒星的相成相依的作用，想到它們在向心的引力和離心力的美妙均衡中運轉。這情形；不恰似父與子的倫理關係的寫照嗎？

天體的圓也是恒動的。圓，本來就是在恒動中形成，此後就一直在恒動中運轉。天體的圓與恒動，它的形成，又由於它內在豐富熱能的作用。熱能就是天體生命力的源泉，在某種意義上，熱能也是人的生命的源泉，因此，人生也都是追求圓的形成，也是恒動不息的。

在人類知識中的「圓」的概念，可以列舉為以下多點：圓、全也，是周匝無缺；物之豐滿曰圓；圓是曲線在平面上，對於一定點作等距離環繞所形成，這中間表明了，圓的要素，包含「曲線」、「等距離」和「圓心」；圓是「運而一窮」，〈易‧繫辭〉中更說：「圓如神」。這是我們體察圓的形體，和人所賦予它的形而上的諸意義中，所得到的認識。

另外，在宗教中，佛家說：空、假、中三諦圓融，不可思議，為「圓妙」；圓滿覺悟為「圓悟」；梵語「涅盤」、「滅度」又稱「圓寂」（無德不備曰圓，障無不盡曰寂）；佛家又有大乘圓滿的教派日圓派，凡此一切，深信都和前人得自圓形天體（如日、月）的啟示有關，然後又用它來啟導人生，圓化人生。

數學中所舉關於圓的其他特性，它的意義，也值得推廣。這些特性是：任何平面面積相等時，圓的周邊最短；任何立體體積相等時，圓球的面積最小。這些特性，事實上也正是日、月、地球諸天體所以形成為圓的原因。由此我們知道，圓形跟圓形的天體，不但是最美最強有力的結構，它還是最收斂、最經濟，不能再多和再少的，恰好完美的賦性。

事實上，古代中國人心靈上所崇拜所追求的圓，並不著重在它造形上知識上的意義跟價值，而是著重在屬人的精神上、心靈上、情感生活上的小圓與大圓。例如我們在家庭生活中一直渴望享有天倫之愛，享有團圓美滿的幸福，拿它作為人間福樂的極致。我們追求一件事情、一個任務的成功，也把它說成「圓滿」。這是我們人生的小圓。此外，我們還更進一步追求家齊而後治天下平；追求一切致乎中和，道並行而不相悖，萬物並育而不相害，天下為公，世界大同，這是我們人生的大圓。

人的心中不能沒有那個圓

「圓」的追求，並非只要人生的道理，它也是人生的現實與超現實。很多人的心中，一件東西的完成與獲得是圓、一種和諧美好的情景是圓、一個夢想成真或計劃的實現是圓。很多艱難的現實中受苦，但他無畏於艱苦，他照常笑看天空的太陽，昂頭邁步，因為他心中有個人生的圓。也有很多人集榮華權利與一身，他的心卻是破碎的；也有人博學而揚名，他卻把人生一切看成虛謊跟空無，因為他心中沒有那個圓。因此，圓確實不僅是一種看法和心境，它也是一種肯定，一種不可缺少的生命實質的追求。

構成大圓的曲線，是沒有終點的，它也是視覺上最美最適意的弧度。圓形天體的運動，也沒有終點，是美妙而悅人的。我常想；圓的的呈現，應該就是對淚人的呼喚。「葉滿庭，花滿庭，夜來風聲又雨聲。有人但惜好花落，有人卻喜結果成。」也因此，我不欣賞前人說：「夕陽無限好，只是近黃昏」的悲戚心境。紅日何曾墜落到那裡去?它一直是在自己如夢又真的軌道上恒動，墜落和夕陽感，只是「心中失去了那個圓」的人自己的心境而已。也有人感嘆：「月有陰晴圓缺」。月亮何曾有什麼陰晴圓缺?它一直是那麼圓、那麼亮、那麼樣在無雲的天空運轉，只不過世間的人自己頭上有雲，心中殘缺，看不見它的亮與圓，而兀自感傷，「酒不醉人人自醉」，多情自憐「強說愁」而已。

我國人拿「圓」來稱呼上天，說人是「戴圓履方」。圓是天體、是天象，想必它也就是天理。說人而沒有圓的欣賞跟追求，正如遠洋航海在不識大圓航法，不知面對太空中的圓形天體使用「六分儀」，就是不智，就會迷失。就是悖乎上天啟示的愚行，應該是可以理解的吧。

也因此，每當我有煩惱，每當我遭遇儻來的困頓，我不論在日裡夜裡，總會面對著天空陷入沉思，在沉思中捕捉那種來自天體的美妙的圓的啟示，讓心靈在天體的聯想裡徜徉。我好似在與上天對語。呵!那真是一種讓人覺得忘我清醒、充實而有光輝的大好情況。

七、由「小乘」到「大乘」

不同的書中，卻有同一個主題串連著

最近一個多月，相當用心的讀了幾本書，這些書的性質，粗看完全不同。我卻發現它們裏面有一個貫穿各書的同一的主題，當我了解也接受了這個主題，心中有一種豁然明朗，更為踏實的喜悅。頗多日常所遭遇的人生路上的迷霧，都因此而擴散，或被蒸發掉。而往前的視野，顯得清晰而廣闊了。現在把書目列出來，也許有助於讓人了解我以下所說的道理：

關於佛經和佛經研究的有：

《妙法蓮華經》《全有、和古吳益道人智旭所撰的》《妙法蓮華經綸貫》。

《法華經概說》（日人河村孝照著）。

《般若心經思想史》（釋東初著）；《般若心經的哲思》（鍾士佛著）。

關於現代工商社會發展的有：

《自由經濟的魅力》（吳惠林等譯，法記者亨利・李甫基Henri Lepage著作）。

《反敗為勝》：美國工商管理怪傑艾柯卡自傳。

關於大陸人民生活情況的探討的有：

小說《芙蓉鎮》（古華著）。

《第四代人》（大陸青年張永熙、程遠忠合著）。

加上我認真的讀了一個多月以來各報紙雜誌所刊的，大陸青年所發起的民主的運動的報導和評論。可說也是一本大書活生生的中國人生的大書。

以上各書《芙蓉鎮》尚沒讀完，我已經從其中找到了自己尋找的東西。《第四代人》是和近一個月大陸民主運動的發展互相印證者讀。《自由經濟的魅力》一書是去年先讀三分之二，最近把末尾的部分讀完。我選讀這些書，就個人來說，是多少年來自己一貫所做的努力。就是一步步的尋求對人生、對時代跟當前發展中的社會，也就是我們人生活動的大環境，有新的了解，以便適時調整自己生而為人的定位和定向。因為世人所面對跟身受的很多問題，都是對「人生是怎麼一回事」，及主客觀情勢，缺少真正的了解，為自己的人生定位和定向錯誤，所招致的結果。

上列各書，在般人印象裏，不只內容有明顯的差異，就各書的命義來說，甚至是相反、且不相容的。例如佛經與自由主義經濟學，特別是唯利是求的工商管理；又如大陸共黨控制的社會，他們的無神思想，和自由經濟，這些跟佛經思想的巨大差距，都是顯而易見的。印象雖然如此，這些性質不同的書中，卻有一個相同的觀點存在著、串連著。

如我從「眾經之王」的《法華經》裏知道，釋尊在他最後講說的這部經典裏，最主要最根本的個教示，就是教人要做「大乘人」勿做小乘人。更不以做聲聞乘、緣覺乘、菩薩乘為滿足，而說「無有餘乘，唯一佛乘」。釋尊所說的「唯一佛乘」就是「大乘」。是勸人以無限的時空為背景，來了解自己生命的意義，安排自己的人生。不可愚痴的只憑自己淺薄無常的識見和感覺能力，把自己侷限在一個虛謊錯謬的小天地中。

《般若心經》的「心」，一說不是指人思惟的「心」，而是「中心」。因為它乃是指兩百多字的《般若心經》，是六百卷《大般若經》的精要。《心經》本身的精要，又是放在大乘菩薩智慧的基礎上。說只有憑藉大乘菩薩的智慧，才能使人遠離「一切顛倒夢想」。那些「無常」、「苦」、「無我」和「不淨」的「四顛倒」，正是小乘的聲聞人（就是聽到別人傳法，才知道發心向佛的後知後覺）常有的苦惱。

美國企業界的怪傑艾柯卡，在自傳裏反復表明一個觀念，就是企業家要達到贏利的目的，不能只有自己贏利的願望和供他營運的資本。他更重要的一件事，是明白時代的走向，能夠熟知和預見社會的需求，設法去順應它、滿足它。換言之，要了解大環境，把握客觀時空運行的規律，再由大環境反身來看自己，為自己定位，決定自己該作麼做。這種社會性、時代性的價值判斷，實際上就是「大乘」智慧的活的運用。一個人如果只想到自己喜歡什麼、需要什麼、不顧其他，或者和環境對立或自我孤立的人，是不容易明白這個道理的。

《自由經濟的魅力》這本書，旨在指出讓世界經濟持續繁榮，為害最少的一條路，是自由，是各國政府對於社會經濟活動儘可能少加管制和干涉。自由使人與人間、團體與團體間產生必要的互動關係，會自動調整經濟步法，向前發展。由於這種自我調整是發於自由，合乎人性、易為人所接受，可能只有較少的痛苦。世人批評自由經濟的害處，其實都不是純由於經濟自由的因素所產生，反而是生於不自由的國家社會力的干預。不過這裏所說的，雖然與個人的自由有關連，卻必須從社會整體來看、來運作，才能了解和發揮它最大的功能。換言之，自由的重要，越是從「大乘」或廣大的時空背景看，更容易有清晰的了解。多數人，長期的共同需要和認定，聽其自由的發展，才是一條生生不息的生存之道。

《芙蓉鎮》和《第四代人》兩本書，前者寫大陸人民「文革」前後生活實景，後者用比較觀察的方法，表明大陸上四十年來，人民心理狀態的衍變。由於著書人之一，是在中共國務院工作，所持的某些觀點，是自由社會的人不能認同的。例如書中對第一代共黨領導階層的人，在多變環境中，隨機性的表現，給予肯定的評價。而忽略了他們的所為，帶給中國人歷史、文化和個人生活上多麼大的傷害。在這裏，我特別注意的一點，是共黨政權，先是以集體意識、政治掛帥，改造人民的思想跟生活。由於它徹底否定個人生命獨立自主的賦性，這種賦性，也就是世人生來就有的生命力，也就是自由與佛性。共黨剷掉了這個基礎，在沙灘上建立人民的集體性。結果看來是失敗了。近年他們不強調集體性，改稱為「宏觀」角度，看來和「大乘」人生的觀點，有點近似乎一樣，其實又並非如此。因為我們從大陸近一個多月來，中共對民主運動的反應來看，他們不只在表面說詞上，全盤否定青年學生爭取自由民主的要求，把青年們的罪過，定位在企圖「推翻政府」，和「反社會主義」上；還公然對青年進行血腥屠殺。可以確定的看出，他們所謂的「宏觀」的限度，也只是中共執政的那個政權，是中國人的事，必須由中共「當家做主」。這是他們價值座標的原點，此外沒別的真理，更別說什麼民主自由了。

大陸人民接受了中共這種「宏觀」態度的人生麼?也許在某些中共幹部嘴巴上，一部分情形是如此。就「第四代人」的分析、和大陸最近發生的民主運動參與者的表現看，實情恰恰相反。大陸上被稱為「第四代人」的今日青年，在中共故示開放的縫隙中恢復了自由的天情。以此為基礎，再向上向外發展，才產生「第四代人」著者所稱的，個人的「主體性」特別強、集體性沒有了。今日大陸青年也有他們的「宏觀」、或「全方位」觀點。但，他們的境界已經超出「必須由中共當家做主」的格局，向更高闊的天地發展，和自由地區的中國人串連起來了。

很有趣的一點是，釋迦佛先信徒們說《阿含經》、《方等經》等。針對各人的資質和賦性不同，循循誘導，勸人慢慢地由小乘的關悟中向上攀升，一直到講《法華經》，才特別強調大乘精神。可以知道，小乘這條路，也是必須要走，不能棄捨、不能封閉的。我們可以用佛家人的話說，小乘人是起點，大乘人是終點；小乘人是因，大乘人是果。大乘人才能成佛，但我們也得知道，一般人不經由聲聞、緣覺、菩薩這三乘道路逐步向上，是不可能到達大乘境界的。同理，我們也相信，全然否定個人的主體性，不讓他自由發展，不僅沒法達到幸福人生的結果，且必然會扼殺個人和全社會的生命力，是絕對要不得的。

以上各書面世的時間，前後相差近兩千年（佛經是佛滅後數百年集），地區上分散在亞、歐、美洲三大洲，性質上又分別涉及世人生活極其不同的層面，為什麼卻不約而同的強調一個觀點？都要人從廣大的時空環境了解人生，安頓人生，不能固執的守著一個孤絕的自我？相反的，又主張要保有自我本然無礙的天性，不使它污染，讓它發展。如此讓生命由自我向社會投入，由小乘向大乘投入、擴大，以至完成。情形為什麼會這樣呢？這也等於是有人問：為什麼中國大陸的青年民主運動，會如此快的引起此地中國人的共鳴？乃至於全球人的關注呢？天安門廣場的青年，如果不是追求十億人民的民主自由，而霸佔住那地方擺地攤賺錢，改善一已的生活。世人是不是還會給他們熾熱的關注和支持呢？這才是本文反復陳說，請世人深思的問題。

把生命安排在一個大的時空背景上

本文強調做大乘人的觀念，不在勸人崇信佛教。也不在藉著世人對於大環境的關心，宣揚國家主義、宗教情操，或鼓勵人忘記自我，不自量力的，對我們所寄身的大環境，作無止盡的奉獻和犧牲。而是認為，大背景，也就是我所寄身的時空，不僅是我們生命的來處，也是它最後的去處。更是當我們還活著的時候，它乃是我們賴以生存、成長，升高自己、放大自己所必須仰仗的條件。正是因為這樣，我們一旦離開了所在的時空環境，不僅沒法生存，而且沒法認識自己，陷於虛空迷惘之中。這種情況，恰像我們撇開了自己所在的國家、家庭、親人、朋友，熟悉喜愛的事物；所曾經登臨的人生舞臺，和臺下的眾人等等，就沒法知道自己真正的價值，甚至於沒法表達自己的喜怒哀樂。

我們身外的環境，當然有各種事物，也有人。靠著我們自己和週遭事物跟人的接觸，我們得到鼓勵，接受挑戰，備嚐艱辛，悟出生命的諸多智慧，一步步的走向成熟，受到外面越來越多的肯定。在這種個人和外在環境交往，刺激和反應當中，我們常會發覺，自己向外投入得越多，自己原有的不只沒減少，反而增多。所以一般所謂的「投入」或「付出」，用在這裏顯然並非實情，實情乃是當我們把自己交給大我時，我們是被接受，被造就成全，我們有突然間變大的感覺。而當我們自覺變大的時候，由於視界廣闊了，觀點升高了，以前動輒以自我為中心時難以了解，不能接受的事物跟義理，這時都豁然明朗，了解了，也接受了。

人生無常的煩惱，是小乘人偏多的痛苦。一個人進入了從更大時空看世事人生的境界之後，他看到的東西，也比較有更大的普遍性和長久性。這時候，由於他更知道重視精神生的營運，一般世性的得失苦惱，就比較少。做大乘人的境界值得追求，比較可貴，這也是理由之一。附帶說明，過去，一部份佛家人由於太強調超現實的、終極生命「佛」境的追求，就矯枉過正的，全然否定現世人生的一切價值。連帶也輕視小乘人這段路的意義。這點作者不以為然。本文的意思是，我們都是小乘人，都是聲聞人或緣覺人（指藉著自己對大自然，或世事的感念而悟入佛道的人）。所以人必以此自卑，只不過也不以此自滿，願意發心向大我的境界奔進，以此表達自己對生命的真愛，也就是了。

以大陸青年的故事為證

從上述的觀點看，我們攷於認定一點，就是大陸北平天安門廣場，乃至北平市民，為爭中國大陸人民的自由民主，在今年六月初被中共殺死的人，他們的志業，最後一定成功勝利。他們的名字，一定會被查出來，刻在石碑上，相當長久的留傳下去。因為他們不是為自己而死，他們是為十億多人長久的未來而去，他們的生命，當然可以永生。

走了的大乘人可以永在。他的存在，立刻就對其他很的陌生人有了意義，他會因此受到很多注目和肯定。另一個由大陸赴美的女青年，羅富蘭的故事，就是我最近所知道的新的見證。

羅富蘭是一個由大陸去美的女孩。見到她的人，說她長髮披肩，嬌小而秀美。她自我介紹卻是：「我是個好妻子、好媽媽、好作家。」她寫了什麼？原來她曾經在文革時期，當過紅衛兵的小頭頭，參加過慘烈的大武鬥、大串連、大流亡，以後被下放，去過新疆少數民族地區求生，又做過文工團的歌手，赤腳醫生……年輕的她，卻經歷了太多的風雨坎坷。有過如此經歷的她，受的苦還會少麼？可貴的是，她從痛苦生活中保留下來的，與其說是傷痛和怨恨，不如說是智慧和勇氣。比如她發憤苦學，去了去國，以英文寫了部長篇小說，記述她自己的經歷。小說的標題為《Morning Breeze》，中文標題是她切合自己的名字，定名為《拂朗》，也符合英文的題意。她的書最近由舊金山一家小型出版社出版，引起了美國廣播、報紙、電視界相當廣泛的注意，紛紛的加以評介。羅富蘭本人，也因此為大家所知名。

羅富蘭同時就用「拂朗」做她文學創作的筆名，她說她還要繼續寫下去。她還曾把中國民間故事，寫成英文小品，在美發表。想想看，到現在羅富蘭在美國還住一百五十元一個月的地下室。她如果是心中只有「我」的小乘人，可訴的苦或讓自己消沈沮喪的理由太多了。然而她不，過去的痛苦，成了她的資產。她如今活得比其他一直生活在自由世界的人，更明朗而有信心。讀者朋友不妨想一想看，這是為什麼呢？

八、人生的文學向度

他這句話是什麼意思？

前不久，看到杜十三先撰文，談〈文學的危機〉。文中引述他訪問的俄裔法籍名小說家白雅士（Alesandre Blokh 白氏筆名白樂強）的一段話說：「好的想像或意像，是人類心靈的積極功能，也是文學的功能之一。如果文學不能激發人生美好的想像，那才是文學真正的危機。要知道，文學的內涵是人類的活，而不是思想。思想常是是錯的，生活才對的。」

以上白雅士的話，是現代人關於文學與人生的，很重要的解釋。白氏是因為他被問到現代人因為感受到電化多媒體傳播如電視、電影、MTV、雷射音響……之後，可能因為電波聲光符號的包圍壓縮，陶醉在感官性的滿足裡，失去了心靈的功能、想像的空間。說這種情況，表示了現代文明是具象對抽象的排擠，事實對創造的排擠、物質對精神的排濟、物慾對人性的排擠，這情形實際上也就是「文學的危機」。對於這種問題，白雅士的看法比較樂觀，說：「如果這是危機，那不只是文學的危機，而是人類整體文明的危機。」他認為電化多媒體傳播下的人生，仍然有人類表達想像和創造的空間，人不必對此太過憂慮。這裡我闡述白氏的話，用意不在於談文學，而在於探索人生。在於讓大家想一想：他說：「思想常是錯的，生活才是對的」，這句是是什麼意思？他這句關於思想與生活的話，如果不加正確的詮釋，是很容易引起誤解，導致不良的結果的。

實在說，本文在這裡想講的話，並不在於給白雅士的話作註解，而是在於藉著他這句關係人的生活與思想的話題，引出我的對於現代人的人生態度，一些新的感悟。我大致相信，本文的表白，十分接近白氏的本意。白氏的談話，也可以幫助說明我的觀點。

我所以說，白雅士的話容易引起人的誤解，是因為它會使人認為，白氏主張文學只關心人正在生活的事實，不關心思想。甚至於他主張，人應該講求的，也只是如何生活，包括如何工作、如何賺錢、如何娶妻生子、如何吃喝玩樂的事實，能夠求個飽足富裕，精美利便就好。白氏是不是這個意思呢？或者再稍稍退一步，說白氏即使沒有否定思想在人生跟文學中的重要地位，至少也看輕了它，認為思想只是次要的、派生的東西。果真是這樣，他是不是貶低了文學的價值，和人生的意義呢？你順著這樣的方向去思索，就會覺得，這問題頗有點意思。

我以為，白雅士話中真正的意思，是在很含蓄的批評某些熱心的文學創作者和研究者，要他們明白，你不能只研究文學，不探索人生。文學也不只是一種思想，或你認為如何，它就是那種樣子。這些都是由人的實際生活裏生長出來的東西。所以，生活裏有什麼，文學裏就會有什麼。生活是很豐富跟多樣，極富有生命智慧的張力的，文學卻可能會貧乏。就是說，知識會流於煩瑣，知識份子的頭腦會有一段時間，或某一部份人，陷於所謂「哲學的貧困」。因此，他勸世人，先面對生活，認真的生活，多了解人之所以為人，再談文學的研究跟創作。滿有生活的文學，自然也會有人的思想在生活中發生成長。白氏的話，不是看輕思想，只是強調從事文學研究跟創作的人，在面對生活與思想二者時，應該弄清楚它們之間先後、主從的關係。不要捨本逐末，或者把本末倒置了。

話談到這裏，我們要提到白雅士勸人要面對「生活」，而不是面對自己的「思想」：也就是面對事實，而不是執著自己認同的理論或理念。這一點，是否和本書一向所強調的，做人的理性的提升，和精神嚮往跟追求，並不相合？白雅士的說法，如果可以引申為「少談理論，多務實際」。我們做為一個現代社會的人，夾在理論和實際之間，究竟應該作什麼抉擇？對這樣的問題，我的回答是：我們該過一種理論和實際兼顧的生活，也就是過一種要有思想，也融入實際生活的充實的人生。根本說來，思想與生活、理論與實際、精神與物質，就生而為人的我們來說，它是一體而不能分開的。它二者所以聽來看來似乎是兩種東西，只是人類在語言運用和知識論辯上的方便，所誤導的結果。人受了人類後天自創的語言和知識的導引，常會加上個人的性向、環境的影響，形成某種偏見，比如偏重物質、注重現實，而忽視精神的存在；或者著重一樁事物的精神意義，忽視它物質方面的比重。在這種情況之下，物質和精神仍是同在的，並不是你忽視它，它就沒有了。它只是對你個人此時此地的心態而言，被擱置在外，好像是不存在了。

以一件金玉的飾物為例，有人看重它的經濟價格，有人重視它的藝術價值跟歷史意義。前一種人，會把它倒來倒去，賺取利潤。後一種人會把它妥善保存，不停的欣賞它，去查究它的根源。也就是它本身所顯現的，前人的智慧和思想，和它在當時社會和歷史文化上的意義，因而，在精神上收穫良多。在這種情形之下，它的經濟價值有時候不但不會減失，反而會大幅度的提升。總之，精神與物質的不可分，它的任何一面，不會因為你無視它，就根本上不存在。只是忽視它的人，無從得到它的助益而已。本書所以比較強調做人要重視、要追求生活中比較高層面的理性的發揚，和精神的創造，是因為我們已經不是身在太古時代，仍只把吃飽和安全，看做頭等大事。我們是生逢二十世紀末季，二十一世紀初已經享有了相當豐裕的自由、財富和知識的滋養，是進步的文明人了。所以，人不必再把全部心力，花在吃飽穿好物質生活的經營上。而應該在知識的發展，在精神價值的充實提升上用功，才能免於腐化墮落，才不會違反了生命的本意。

人、精神、物質的新的理解

要人在實際人生活動中相信，生活與思想、精神與物質本合為一，並不困難。因為人都不甘心，也都知道自己的存在並不只是一堆物質，還有各自的感情，有喜怒哀樂，有雖然是抓不到卻確信它存在，它對自己十分重要的嚮往跟追求。同樣的道理，生活也並不只是一些事實的湊合，並不只是飲食男女。即令是一堆事實，即令是飲食男女，它其中也還是包含有許多為人所特有，超乎物質，和「事實」表面之外的許多東西。這許多的東西，如一本書、一幅畫，雖然，它藉著紙張、線條跟色彩，構成一種創作。可是，它其中所表達的，卻不是物質，或不僅是一件事實。而是一些知識、一套觀念、一種美感，或者是一種友情和人生的構想。是雖然無形，卻是彌足珍貴，可大可久的東西。

人之為人，不僅不甘於是一堆物質，人還有一種自古就有的自我認定，認定自己是有異於其他生命形式的動物或生物。而這異於其他生命形式的地方，如人的精神跟理性活動潛力深厚，格外強勁。構成人身的物質是有限的，人的精神活動卻指向無限等。人的這種能力和性向，也許正是人所以為人的條件和優越處，也是人類生命長成和保育發展的原則。人如果放棄了這些，或違反了這樣的導引，就是停留在物化或低等生物的生命層次，不但會給自身招致莫大的災難跟痛苦，還可能帶來滅絕的命運，失去了做人的尊嚴和意義，這種結果，發生在一個人或一個民族國家身上，都是一樣，無法避免。因為人違反了自身的屬性。人的這種屬性，根本也是由精神和物質本合為一的構成上發生出來的。

這裏願隨便舉人身構成的科學常識，說明這一點。跟人的行為和心智活動密切相關的神經系統，是由許多神經細胞（神經元）組成。凡屬生物，即使如草履蟲這種本身只有一個細胞，它其中的神經組，也能作出各種生存所需的行為反應。稍為複雜的線蟲或蛔蟲，牠的神經系統由三〇二個神經細胞組成，軟體動的蝸牛，牠的身上的神經元多達十的四次方，節肢動物如昆蟲類，牠的神經系統包括的神經元是十的五次方；更說到人腦的神經系統，專家最近的研究發現，它包含的神經元數目是十的十一次方，即自乘十一次的結果。想想看，那是多麼巨大的數字？它和別的生物構成又有多麼大的差異？人和其他生物又為什麼會有如此大的不同？我們知道，生物的活動，從最簡單的反射動作，到複雜的行為、到心理現象跟理智運作，全靠神經系統的傳達、協調和運用。也因為這樣，愈是高等的生物，神經系統的結構愈是複雜。這裏所說的複雜，不僅是指神經元數目的多少，也指它排列組合的形式和系統安排的精微度的差異。人身的這種世人迄今還沒法法全部了解的、高度精密的組織，它的功能和意義，絕對是超乎它本身的物質存在的億萬倍以上，我們得另外探討它的價值。

我已經大致明了生而為人的我們，有很強烈的精神跟思想的向度。因為，人的物質結構，註定了人只能生活在極其有限的短小的時間和空間中。人的肉體生命，難能超過百年。即使在活著的人，在他年華正盛的二十到五、六十歲的一段時間裏，耳聽目明的他，能夠想到聽到看到嗅到感覺到，乃至於理解到的範圍和事物，也很有限，太遠太小太強太弱微的事物，我們不是感受不到它的存在，就是因為受不了它而排斥它。現在世人發明出各種儀器，向微觀和鉅觀世界擴大了人類知能的限度。這擴大的限度，雖然，就宇宙整體的比例，只是一個不可知的極小的範圍。然而，拿它跟人體大小，以及人類原先活動範圍所及的限度相比，又不知大了多少倍，大到跟初民時代的神話相比，有過之無不及了。所以，生而為今天的人，如果還不知道在精神或思想的高層面上提升自己，而甘心退回到物化的禽獸蟲魚的生命層面去，那不十足是自辱自毀的無知行徑麼！

看著前人的腳步，創作出豐美文學的人生

本文用很多話說明，今天的文明人，該把人生的追求著重在精神價值或稱為精神世界的探索上。我們的陳述，沒有否定人身內外物質存在的意思，人的精神嚮往，也並非全是捨棄物質，走向抽象的念世界。恰相反，人在精神方面的發展，常是彰顯了物質的大能，肯定了血肉人身的生命構造，本就是精神與物質合一的存在，生命是不能分析的。弄清楚這一點，人才能真正的了解生命、認識自己，不會被流行的見地給誤導了。

科學家早就這麼說：自然科學上的諸多發現和創造，也是人類的精神成就。這種說法，對於今天的人很有啟發性。愛因斯坦發現，有這種意義；現代最常用常見的工程類的機械，各種不同的結構，其構思、組合跟完成，乃至於它的功能，都有它精神面的價值。有擴大人體的能力範圍或限度，體現宇宙的奧秘，拓展人類生命空間的效果。很多人參與，規模龐大精微的太空探測，它的意義也是一樣。不能只把它看成物質科學的發展，它更是文明人精神和智慧的結合。

在世人所開拓的其他領域也相同，人常藉著有限的物質條件，把精神意義向更大更長遠的時空延伸。小至寫一本書、畫一幅畫，設計完成一棟代表性，劃時代意義的建築等，都可以把人的

生命的觸覺所及，比自己的人身放大數十百倍。比自己的血肉生命，延長到百數千年。古今的智者，常常用這種方式向天下後世的人說話。用這種作為，來擴大、升高，拉長自己生命的意義。請想想孔子、李白、司馬遷，和文天祥的正氣歌；想歐洲文藝復興時代的拉斐爾、達文西、米蓋朗基羅等；再想想埃及的金字塔、中國的長城、美國紐約港的自由女神的塑像，你能說那些人都過去了？不存在了？說那些建築都不過是石塊或泥土的堆砌！

這以上的舉例，除了使人想到在人類生命成長的過程當中，所謂物質和精神的截然劃分，或作對觀等，全是不合實情的誤解。它也啟示我們，人的生命活動，精神為體、物質為用，相輔相成是應該走的方向。從常識層面看，人生中很多作為不能沒有物質條件的憑藉，但物質條件的作為，卻應該保持精神價值的取向，不該沈溺在飲食男女、玩物喪志的陷阱裡。

我們從這樣的了解，再回頭看白雅士關於生活與思想的談話，就認為他強調的生活，是包括了思想的。因為，他提到文學應該能激發人生美好的想像，這就涉及思想了。他所謂「思想常是錯的」，指的應該是偏離了實際生活的空想。這樣的空想，連精神物質的正面意義都談不上，自然是我們所不取的。人要是掉進這樣的迷惘裏，那當然不只是文學的危機，更加是人生的危機了。很不幸的是，現代正在往如此空化人生的迷惘中下陷著。也因為這樣，我們才不嫌費辭的，勸大家高舉起自我生命的大旗，以新的態度對待自己，對待週遭的世界。不鄙棄物質，但也不沈迷在低級物性的泥淖裏。要高揚精神，使它成為生命價值的主導，卻不脫離實際生活，不使它空洞化。如此，再在二者本合為一的基礎上，設定一個自己追求的目標或境界，向前奔走。必定能夠抗拒或超越現代文明的排擠，反過來主導它、駕馭它、欣賞它，能夠這樣，人不僅會創作出豐美的文學果實，且可以導引看世人，營造充實而有光輝的生活，無懼任何迎面而來的危機。

九、從「古典人物之解體」說起

從文壽伯譯介德人著作的感慨說起

近讀文壽伯先生譯的德國瑪爾霍茲著《文藝史學與文藝科學》（長歌版）一書，感念殊深。其中，尤其對於譯者文壽伯先生在序文中所說的一些話，直覺在心中翻湧起巨大的波瀾。好幾天來，非但平伏不下，反而形成如湧動的江流似的力量，推動著我一直思考下去，催著我該去做點甚麼。我雖然明知道，在另外很多人的心目中，這本是「不成問題的問題」。卻還是忍不住要把心中的感念說出來，讓早有同感的人，知道其道不孤。讓其他志趣相近的人，得到相知的呼喚。

文壽伯先生在序文中，談到他翻譯瑪爾霍茲著作的動機，他說：

「我覺得，中國的學者太懶，中國的詩人太不幸。假若李太白生在國外，註釋家何至於少到三五人？評傳何至鳳毛鱗角？他的世界觀、人生理想和美感，何至於還沒有徹底發掘？我們看了人家談莎士比亞、談歌德、談薛德林，我們真慚愧得無地自容。我們讓死掉的詩人太寂寞、太冷清了。人家的文學史，於經過一種思想上的主潮的洗禮以後，方法便大有變化，或走得更廣，或走得更深。何等豐富！何等燦爛！我們的學術史太單調、太空虛了。對於大的思想系統，在鑽研上太畏縮。往往一記悶棍，比方說：『黑格爾太唯心了！』……這樣將永遠不能深入、不能廣闊、不能豐富！」

譯者又說：「我們的學者……其次是缺少方法。原因就在於不接受大思想系統。我們不需要點點滴滴的金屑，我們需要呂洞賓的那個點金術的手指頭……我再說中國學者的第三個缺點吧！便是胃太弱、心太慈。因為胃弱，所以不能硬東西。因為心慈，所以不能夠斬鋼截鐵。……所以我常說：應該提倡『理智的硬性』，我不贊成腦筋永遠像豆腐渣一樣，一碰就碎。」

先看德國人做了什麼

有了這種印象，我覺得文壽伯先生翻譯瑪爾霍茲的書，從文字上看，是介紹一種方法，從內涵上看，卻同時也介紹了創用這種方法的精神，和這種精神所呈現的非凡博大精實而又艱深的氣象。事實上，這種精神是體，方法是用。精神是能動的力量的源頭，方法才是點金的手指頭。我們要學習人家「硬性」的理智，光學方法還是不夠的。

德國人由於具有如上所述的來自文化與學術研究的精神力量，他們做起事來，不但是博大、精實、燦爛有致。他們還因為凡事都鑽得深、攀得高，所以也容易產出先知和先見來。比如《文藝史學與文藝科學》一書的第七章，討論到德國學者早已在努力從事的精神上自我肯定，跟德國人新面貌的塑造，對於我們現代的中國人，就該有豐富與強烈的啟發性。第七章所用的標題是：〈古典人物之解體〉。在瑪爾霍茲看來，德國古典的理想，無疑是會隨時代跟環境的變化面消失或解體。「這不只沒有價值的傳統為然，即有價值的傳統也不免。」德國人就在古典價值的崩潰之中，漸漸的形成了新的古典人物的輪廓。

瑪爾霍茲所看到的，德國人塑造的新古典人物的形像，是「人間的、魔性的、嚴峻的」，「它不只是某種偉大個性的理想化，卻也是當做整個民族社會之人格的表現而被理解著。」這種德國古典人物的新面目，「不流於柔弱傷感」，「有新的光亮和新的陰影在。舉凡大天才之宗教性的體驗，大預言者之社會的政治理想與教育理想，以後每一創作家之深刻的神秘性、強暴性、靈感性，統統是今日的古典人物之新畫像所可說的。」瑪爾霍茲認為，這是「一種高揚的並加深的新的人性」，是科學的文學史之一大趨勢。認為新古典精神的誕生，是為「西方精神的巨大危機而預備出一個解決」、「只有由新形式、新方法、新表現、新研究，才可以把現在歐洲及其心臟的德國，所有的混亂狀態之不羈的鬼氣，驅除出去。」

如何塑造中國人的新風格新面貌

明白了以上瑪爾霍茲專書中所顯示的，德國人透過學術研究所顯現的精神面貌的蛻變。我們會想到，他們經由兩次世界大戰的慘敗之後，所帶來的巨大創痛與反省。和我們經由百年國恥，和四十多年分裂的煎熬，所招致的苦痛，有某種程度的相似之處。每一個有自覺的中國人，都該就自身所遭遇的，這個四十年前遮天蓋地凶湧而來的巨變，從歷史文化跟文學研究的觀點，把握它正確的意義，並且進而有所反省、有所作為。換句話說，我們也該急切的為中國人古典人物的所以崩解，新的古典精神面影如何塑造，有所經營了。

事實上，我們知道中國人的這種覺悟和經營，也已經開始。「五四運動」的興起，「中華文化復興運動」的提出，就是一個證明。對於著手整理跟重新認識我們古典文化的傳統，各研究機構也在默默的用力，且有成果可觀了，我們仍不能不強調提出來的是：我們在作這種努力時，由於立腳的位置不夠高，以至眼界也不夠廣闊，目標不夠遠大。又由於我們似乎是習於衰世的浮泛和煩瑣，務求急功近效，對於問題的鑽研探索也不夠精深，更沒有落實到全民實際生活中去。所以看起來還沒有能形成氣候，沒有顯示出清晰的新面影，沒有產生出足夠強而有力的新生的力量。

中國古典人物的精神內涵是甚麼?這不是一個人所能回答，也決非本文所能容納的。我們想說的是：德國人的所見，值得我們參考，但也只是參考而已。我們是比德國更大的國家，我們有不同於德國的歷史傳統和建國理想，對於世界的責任也應該更大。未來中國人新古典精神的塑造，我們必須從陳腐的、狹隘的本土文化與感情中超邁出來，把握住民族文化中優越的世界性跟永恆價值，腳踏實地，高瞻遠矚，奮力有所作為。

瑪爾霍茲把一個國家的古典人物，看成是古代風格、市民精神整體象徵的畫面，是為一國之人共同承認的「美麗而高貴」之物，是民族特性的具體而微。這種認識，是推世界而皆然的。我們所不能全然承認的是：傳統的價值，不能只從特殊的時空意義上去考慮，有些傳統在廣大的時空當中，有普遍性價值在，所以不宜加以漠視。再者，我們是大國之人，知道多數人生活的永恆需要是什麼，永恒的災難和反對又是什麼。我們深知，強迫每一個人去追求完美，尤其希望他們當下就很完美，往往就是世間諸多禍害的根源之一。但是我們卻不能連追求完美的人生目標，也一併捨棄。人生而沒有一種眾意僉同的超現實的嚮往，甘於低調人生，低壓生活，那才是最大的悲哀。因此，我們未來的中國人，似乎也不宜把所謂「魔性的」、「強暴性」的精神，當做新古典精神的要素去發揚。新的古典中國人的面影，必須是剛健的、睿智的、寬柔的、勇猛與富有創造性的。是能夠因時因地因勢制宜，是有利於自身生存發展的。古人把我們中國人的古典菁華，選定為「時中而大同」。這是就其大的風格、原則和目標而言。就個人的實際生活而言，前述達成這種風格、原則與目標的諸種精神條件，也是不能或缺的。

讓我們足夠真誠，不再懶惰，投入這項百年大工程

中國人新的面影，或稱為精神特徵的建立，自然不是少數人一朝一夕之功，也不能只憑理念上的構思、文字上的經營來完成。它還必須更多的人才、更長的時日，在諸般實際生活的體驗中，去歷練、去加以凝聚、加以創造和完成。就個人的行為看，完美的實踐是可望而又可及，現實卻永遠是「並不完美」。真正的完美，是來自整體動態的長期觀察，是一種樂觀與善意的認知。這種認知，又不是人人能做得到的。

新的中國人的典型人格的塑造，所以加上「古典」化的要求，是因為精神志業的成長，不能無根，也不應憑空構想。如果我們活力足夠強勁，又有足夠真誠和智慧，歷史文化非但不是綑綁我們頭腦跟手腳的繩索，還是我們創造力量的泉源。寧可以說，諸多的歷史傳統，乃是我們長期

實踐，精神科學的結晶。求新而一味的否定過去，反而會驅使人一切從原始出發，形成文明的倒退，以致丟掉過去，也失去未來，這是必須明白的。

歸根結柢的說：我們要締造美好的明日中國，必先從塑造美好的明日的中國人著手。而孕育美好的中國人的努力，首先是不再懶惰，必須磨練硬性的理智。吸收大的思想體系，致力於培育古典化的新精神，用它作為我們大家競相奔赴的標竿。我們需要成千上萬的人，魂馳夢縈，生死以之的，朝這個方向努力。可喜的是，我們從最近國內知識份子的種種表現中，看出了新生氣象的萌動跟擴展。但願新的中國人的形象的完成，真的是可望而又可及了。

十、從歷史走向未來的智慧

別把主題弄擰了

前不久，新加坡主辦的「亞洲中文大學學生辯論比賽」，吸引了這裡人不少的注意。對於這種情形，筆者個人的感念是：我們給予它的關注不是太多了點，而且甚至於包括新加坡參與主辦這件事情的若干人士在內，都對主辦這次辯論比賽的旨意有了誤解；或者可以說，把「辯論的必要」的真正意義，給標錯了、弄擰了。要是這樣的「辯論比賽觀」態度不加改正，後果將不是世人所樂於看見，所樂於承受的。

此處所以敢這麼講，是因為主辦單位跟一般世人，看辯論比賽的成敗，錯把手段當成目的。偏重在只看參加辯論的人怎麼說，而不太計較他說什麼。辯論因此成了鬥嘴的口才較量；成了以語言技巧聳動他人，取得信賴或欣賞的手段。似乎在辯論當中，真理的追求，或他的話中是不是確有真理，倒在其次。重要的反而是多看他辯論語言和姿態的生動跟引人程度，也就是側重它閃爍性效果，贏得現場聽眾的直覺反應為何，來決定勝負屬誰了。

這種情形叫人不由得想問：人們為什麼要舉行辯論？世人所真正需要的，是透過辯論以便發現真理，認明世事人生最妥善的方向和原則？還只是選幾位能言善道的辯士或縱橫家？跟普遍發展世人的口舌之能？我們所嚮往的人生境界或世界模式，是希望大家本著樸素精當的真理，來安排生活？還是讓世人放下這些，為逞自己的做人辦事和語言機巧，互相爭勝，求更大的滿足？如果，世人透過辯論所追求的不是前者，而是後者，我的耽心就不是沒道理了。

因為，我一直確信，在今天文明昌盛的社會，個人追求幸福而有真正價值和展望的人生，智能的增進固然重要，人生奔赴的方向、價值標準，要選對，不要選錯；要弄正，不要弄邪，這更加重要。辯論的必要，就在於追求真理。真理其實也就是世人經過千百年實踐之後，證明確實是永恒普遍的生存原則。人的知識才能，本著這種原則使用，才有好的結果。否則，讓世人把知識才能本身當做人生和目的，後果就很可慮。人類在過去遭遇的種種錯誤跟苦難，都是背離生存原則的結果。辯論的必要，在於提醒世人，原則是什麼，真理在何方。因為，在智者心目中，真理是愈辯愈明。正好像人弄對了方向地點之後，寶藏會愈挖愈多。也正是因為這樣，世人應該注意的焦點，是所要辯論跟挖掘的動作。不然，就會本求末倒置，就會偏離了目標和原則，而只求在技巧上自我實現，使辯論流於詭道，知識常被誤用，世人的觀感常被誤導。不幸的後果，勢必層出不窮的上演了。君不見，當今世間，不少人習慣於譁眾取寵，以誇張閃爍的言詞聳動群眾。群眾明知他未必是對的，卻情不自禁的被他吸引了去。這些人，用新加坡辯論比賽評審的觀點看，都該是辯論的優勝者。然而，群眾真的需要這樣的辯論，和這樣的優勝者麼？

真理在什麼地方

筆者批評新加坡辯論偏重於讓技巧取勝另一方面的著眼，是世人或群眾，越是集中起來越容易讓直覺感受分辯事物。越憑直覺感受，越容易眩於外爍虛謊的言詞技巧，無暇思考言詞的本意。從這樣的觀點看，在公眾之前辯論，如果，不加以適當的限制和誘導，反而更容易掩沒真理或扭曲真理的形象，使群眾注目的焦點偏離主題。還有，真理的發現，常常不是多數表決的結果，而有賴於少數睿智頭腦的洞見，和賢達人士的堅持。由於真理的發現掘和堅持，常依靠先見、睿智，和高度獻身的真誠，這不是人人都做得到的。所以，正如挪威戲劇家易卜生的名言：「多數人常常會錯，少數人常常是對的。」（大意如此）也就是說：真理就它的發現和堅持來看，它常是在少數寂寞的人這一邊。真理所在之處，常常並不是掌聲鞭炮聲震天價響的地方。

現在的世界，不只是知識爆炸、科技起飛，連所謂「意見爆炸」的情況也出現了。這種情形再加上商業社會的競向浮誇，媒體傳播偏好「熱門」，形成了頗多人的虛假崇拜或迷信。人生在世，會覺得機會處處，卻也陷阱處處，是最需要大家凡事當心，最需要真理指引，以策安全的時候。今天的我們，是選擇孔孟？還是需要張儀和蘇秦那樣的人？末代周人不要孔孟，後來的代價是什麼？強秦崇尚權謀術數，成功反而是加速敗亡的起點。就個人而言，德本才末的生存原則，到今天還是有效。「德」是什麼？生存原則也。「才」非不重要，只是不能把它當作真理或最後的價值標準。否則，把辯論術當做真理本身，以此向社會標榜，必然會造成蘇秦、張儀滿街走的社會。人人能言善道，可信的道理跟人物卻難以尋找。想想看，那會是一種什麼光景呵！

遠方的迴聲

美國出版界最近有一樁引人注目的事，是著名的哈潑公司，以高價爭取到名學者兼詩人史提芬．米契爾（Stephen Mitchell）翻譯的老子《道德經》新本。老子的《道德經》僅是英文譯本，早已經出版過一百零二種之多了。米契爾的第一〇三本所以令人注目，是因為他的學養和創作信譽，以及他翻譯《道德經》抱的理念跟創作態度，被認為與眾不同，勝過別人，更能表達老子著書的真趣。哈潑公司因此才肯出十三萬美元的高價稿酬，擊敗競爭者，取得這本書的出版權。這件事所以值得我們在這裡提醒讀者，是因為它又一次使我們中國人臉紅的想到：被國內的年輕人看作老舊的過去人的聲音，一本懶得去啃的沒實際功用的古書，居然會讓走在我們前面的美國名家用去研究它、傳播它，居然把它看做寶貝。這種來自遠方的迴聲，對於我們的含義是什麼呢？這似乎值得我們想一想的。

米契爾這個人，和他的翻譯《道德經》這部西方高級知識分子一直十分重視，最近這些年，尤其覺得它的價值越來越顯得珍貴非凡的書的故事，本身也是饒有趣味，和啟發性的。目前在四十多歲盛年的米契爾，是猶裔美人，通曉七種語文，卻偏偏並不識中文。他曾經跟南韓禪學大師崇山學禪，取了個禪名叫「無悟」。崇山告訴他，學習老子，要把握精神重於形式的特質，不必過份在文字上太用心思。這打消了他學習中文的念頭。他從十多年前開始研究《道德經》，先後蒐集了幾十種《道德經》的英、德、法文譯本來比照著讀。還用一份中英文對照表，互相參照著研究。他雖不懂中文，卻娶了中國小姐張席珍為妻，相信也曾研究過禪學的張席珍，她對於丈夫的幫助，決不只是在窮困中獨力靠收入支撐家計。她一定曾經以中文解釋《道德經》的意義，向他提供過意見。有人把《道德經》的譯成，說成是米契爾送給妻子的禮物。因為，米契爾譯書期間，由於摒棄了其他工作，收入不豐，不得不在沒有暖氣和足夠光線的車庫裏伏案工作。天氣太冷，他把雙腳伸進睡袋裡取暖，雙手戴著手套，只有指尖能露出來。他和張席珍相識，就是一九七七年在加州舉行的「禪學避靜會」開始。倆人一見如故，終至結婚，卜居加州。

米契爾談到他翻譯《道德經》的動機，說「以強勢為貴的西方文化，應該學學老子『為無為』的包容精神。」他認為今天世界的危機，就在於人類知性上的傲慢，總想以科技成就主宰宇宙的命運。豈不知這種態度，正顯示人類不知「天高地厚」的無知，反襯出宇宙的大而強，跟人類自身的渺小軟弱。他引用《道德經》下半部「天下有道，卻走馬以糞。天下無道，戎馬生於郊。」來表明當今世界過份注重軍備和好戰的不當，說雷根應該勤讀《道德經》，以免讓恐懼主宰內心，因而走向以互相毀滅為目標的軍備競賽。

米契爾在譯老子《道德經》以前，曾經翻譯過當代兩位以色列詩人的詩集，和歐洲詩人里爾克（Rainer Maria Rilke）的詩集。更值得一提的，是他花了十一年功夫，重譯舊約聖經〈約伯記〉。這本書由「北點出版公司」發行，被認為其成就超越了最具權威的英王欽定本。舊約聖經〈約伯記〉，是了解西方世界文學、哲學和宗教必讀的經典之一。它記述上帝與撒旦打賭，而使得信仰虔誠的約伯飽嚐人間艱苦的試探。讓世人知道苦難與信仰的路是怎麼走的。米契爾的譯作，顯示他是一位虔敬又肯作嚴肅思考的作家。他有「耶魯大學」比較文學碩士學位，卻似乎也是一個滿有超越性宗教情愫的人。他有今天世人普遍缺少的肯於獻身投入的真誠。寧願受一點苦跟功利社會的寂寞，也要堅持的向世人指出，今天人類生存最欠缺、最急需的真理，是在那裡。遇上他此番翻譯的書，竟是被自己國家的人冷落的《道德經》，這件事讓我們感受到的滋味，單是拿羞恥之痛來形容，怕還不夠啊！

老子的《道德經》所記載的，是迄周代中葉以前中國人歷代祖先所累積的，立己立人、經邦濟世、智慧結晶的一部份。由於它用的是個人的超越性觀點，跟宇宙性立場，發為言論以後，就和單從人文社會和社會學觀點的儒家有所不同。有人或以為孔、老二氏的主張是互相排斥的，實際如果後人的胸襟足夠開擴高遠，會覺得把兩位先聖的學說配合起來，相輔相成的運作，再作新的創造，才更能見出中國文人化的永恒價值跟功能。它不僅是可作為今天西方文化衰疲的清涼劑而已。無論如何，我們把米契爾翻譯老子《道德經》這件事，當作來自遠方的對於中國文化呼喚的迴聲，從而引發自己積極性的省思，有所作為，總不會錯。本文的用意在此。果真國內有更多人因此興起文化的省思，相信也是嫁給米契爾的張席珍女士，所樂於盼望的。

福特最後的警句

前文所記，都涉及到中國歷史，和歷史性的自覺。我一直覺得，生為今天的中國人，過去受足了背棄歷史，在文化上自我捨棄、自辱自虐的大害。今天如果再不猛省自覺，不知道珍惜祖先遺留的寶貴資產，用來充實自己，提升自己壯大自己，我們個人和國家的苦難，將還有長長的一段路途要走。反過來說，如果，我們把傳統文化，尤其傳統文化中所包含的，個人乃至於民族國家所賴以綿延發展的生存原則，當做我們自己的財富，好生的維護它、經營它，我就會活得更加光彩跟有勁。因為，「我們知道我們的力量，因為我們知道我們的歷史。」（轉用美國學者格里斯渥德的名言）我們不會再短視、輕浮，拾已從人了。

把歷史教訓看做個人人生的資財，在近代曾受到不少人的反對。流行的聲音彷彿一直是：「把握現在，前瞻未來。」美國的汽車大王福特，曾經在英國表示：歷史差不多都是騙人的。歷史，特別是在歷史中陶鑄而成的文化傳統，真是騙人的麼?後來美國經濟的衰退跟福特企業的衰退，說明了真正的答案是什麼。福特他終於找到了他的答案，他晚年要求同事在自己汽車博物館大門上刻著這樣的兩句話：

「往後看得愈遠的人，
才能往前看得愈遠。」

最近，有人把這話介紹到國內來。可見本文所標舉的想法，並不是我獨有的。我這裡想再說的是：擁抱歷史，汲取智慧以前瞻未來，不只對企業經營是如此，人生任何層面的追求，和經營締造，都該是如此！

十一、「新牛虻」和「後物質主義」

最近，我一直懷著期待的心，儘可能較廣泛的、稍稍深入一點的，在各種傳播媒體裏頭找尋，找尋我們社會真正的動向。想發現足以顯示社會，或人生動向的徵候。希望在探索當代和未來社會的人生走向上，看到可以用作參考的答案。

也許有人會說，我這麼做其實是瞎操心，會講：「太多社會動向的徵候，已經昭昭在大家眼前了，大家也都看得清楚，何須你再去尋找？」我知道這裏所講的「太多社會動向的徵候」，是指被傳播媒體著意突出報導的那些事情：如股市狂飆，商業掛帥，所表露的求財求富的熱風；如各級議會，特別是立法院會議中所經常出現的打罵秀，所代表的權力追逐的瘋癲演出；如報紙電視新聞工作者，一窩蜂偏執於「大陸熱」的營造；他們習慣性的表現：片面見聞，反面著筆，誇大其詞；只見特殊，不看全般；名為「突出」，其實是弄擰社會面貌，以譁眾取寵為高的觀念跟性格。這些正日積月累的，向每個人心裏、每個家庭、每一個社會角落散播、滲透。社會民眾似乎只有接受，沒有還手或自保的機會跟力量；如黑社會力量的膨脹、武器泛濫、血腥處處，無視法紀，道義淪喪；如在一般人的心裏，權威、美、愛、永恒、誠信、勤儉等價值觀念的淡薄，甚至消失。這些，不都是可見的徵候和趨勢？不都是「順之則成，逆之則敗」的人生走向麼？

我承認這些都是徵候，也都可以說代表人生所追逐的某些事物。不過，我卻恐怕這些徵候和被追逐的事物，可能只是比較更根本性事物所派生出來的。是結果，而不是原因；是現象，而是實質。比較稍稍接近問題根本的原因，可能另有所在。

此地所說的「另有所在」，並不是指某一個單一層面。可能它有很多個源頭，湊合而成。不過，我想到「國者人之積，人者心之器」這兩句話。因而覺得，從人的思想或觀念的發生處多留心，會比較妥當。我因此在這方面相關的資訊中尋找，終於發現了認為是接近答案的消息。

我說的消息，一個是陳曉林先生七十八年十一月一日在報端發表的文章〈新牛虻？新犧牲？〉一個是蕭新煌先生在同一天同一份報紙、不同的副刊上刊出的文章〈後物質主義〉。

陳、蕭二位先生，是國內比較注意觀察時勢，肯於思考問題的人。〈新牛虻？新犧牲？〉裡，有這樣幾段話，應該受到注意。如他說：

「一個知識份子固然有絕對的權利，始終堅持自己的信念，並據以對社會現象提出犀利的批判。但也必須明晰的意識到，沒有人能包攬所謂的『真理』。自己的看法，終究只是多元價值中的一元而已。」

又如：「所以，蘇格拉底孜孜不倦，向雅典市民及青年的既定信仰桃戰，激使他們去從事更深一層的反思。甚至激使他們的良心處於不女狀態，從而提升他們的多元理性思考層次。雅典人不堪其擾，所以稱蘇氏為牛虻。但一個世代之後，他們即已承認，蘇氏才是雅典民主的光榮與驕傲。」

陳先生又說：「如果『人文觀察』只提疑問句質詢，卻不供給簡單明確的答案，以致激使臺灣社會中某些優秀的知識份子良心處於不安狀況；那麼或許不妨將它視之為『牛虻』。」

什麼是「牛虻」？這裏引《辭海》的解釋，供世人參考：「動物名、昆蟲類、雙翅類。體為長楕圓形，約長吋許，灰黑色，眼大，帶黑綠色，胸部有灰黃褐色之條紋，腹部扁平，分七節，翅透明，腳有五跗節，爪間有小吸盤。多發現於夏季，寄生在牛馬體上。」這是說，牛虻是一種飛繞在牛隻身邊，以叮咬牛血為生，讓牛隻覺得困擾的小東西。

〈後物質主義〉是蕭新煌先生的文章，他從某教授感嘆目前國內人心的兩個價值取向是「向權看」、「向錢看」，而他接著說，美國的社會學界，有個新興的「地位取得」學派，他們有個「根本的理論假設，那就是說，在現代工業社會裏，每一個人，都同樣會努力賣命的去取得最高可能的收入和職業地位。社會裏如果缺乏了這兩種誘因，反而會是『非常態』。」

如此說來，我們某些人「向權看」和「向錢看」的價值觀，好像是「理有固然」、「勢所必至」，是完全正確的抉擇了。其實也不盡然。蕭先生說：「地位取得」學派的人，認為地位取得，並不是可以「不擇手段」，它主要的途徑是「教育」，是使人透過「知識」和「理性」的撰擇判斷之後，再作決定。不是完全訴諸人類求生的本能。

蕭先生以社會學家的觀點，特別介紹了歐洲更新的一種「後物質主義」的價值觀。這種看法認為，世人應該「超越個人收入和職業地位的滿足，而更重視社會參與、社區認同、人際的親和關係、言論自由、觀念的啟發、大自然的美感、城市生活的人性化……而以整體的『生活品質』，做為衡量的價值。」蕭先生說明：「後物質主義」的「後」，不只是指時間性的後續，「又加了一層抽象的意思。多少有著一種超越，甚至反動的意含。」

上述關於「新牛虻」、「後物質主義」的新看法的提出，不只是指出了國內某些問題發生的原因，也透靈出它答案所在的方向。它告訴我們，社會上有些人，只提問題，只批評埋怨，只要否定現存的價值，往往會引起良心上的不安，只是問題認知上的「半吊子」，反而會把社會和人生弄得更糟。所以，世人接下去該用心的是尋求答案，並且，在尋求答案的時候，不可以憑個人一已所見，用單一觀點包辦真理，排斥其他的觀點。反過來看，世人對於某些專愛批評埋怨，和否定現實，提出問題的人，也不必看得過份嚴重，「視之如寇仇」。在真正開放的社會，已經建立起多元價值觀的地方，這是經常的，必經的過程，最後會被導正過來的。

蕭新煌關於「後物質主義」的介紹，告訴我們，世人在追求財富和地位的同時，想到自己，也要想到別人的存在；更要顧到整體的情況。認為這才是比較開明進步的做法。也因為如此，某些人在人生的追求上，只「向權看」、「向錢看」，乃是另一種人生路上的「半吊子」。如果，這種人不能清醒過來，不能提升和放大自己人生的境界，他們終必會成為真正的幸福人生的牛虻，會被自己偏頗的人生態度「後」掉，也就是讓別人來「超越」他，把他給「反」掉。

成功商人和大學生

不能否認，目前國內社會正有頗多的「新牛虻」，有頗多的「向權看」、「向錢看」的人。特別讓人不能不有所擔憂的是，國內的「新牛虻」，並非是像蘇格拉底那樣的人，而多的是標榜提出「異議」，兇巴巴的反對主義、虛無主義者，是或半遮半掩，或似非而是的共產黨的幽靈出現，打算包攬我們這邊的真理。

還有是假「民主」之名，作惡霸或作「狄克推多」（dictator）式的演出。寧可破壞民主政治賴以進行的「和平」跟「合法程序」，堅持裝瘋撒野，作赤裸裸的奪權鬥爭。

以上兩種情況，經由大眾傳播媒體，分分秒秒、一天天一年年的向社會的各層面各角落投射。就形成了越來越多的人陷於迷惘，「公然的惡意」盛行，罪行泛濫，社會不安。形成了公權力不張，公德心掃地，原本安和富裕的生活，變了質走了味兒，因而也激起了真正的蘇格拉底式的反思與清醒，起來有所行動了。

在上述兩類隱伏在「新牛虻」和「後物質主義」盛行之下的情況當中，有兩種現象最引起我的注意，認為在顯示未來人生走向方面，比較有更多的代表性意義：

其一，是「文化大學」校刊物《文化一周》，前發表了一份「大學生看藝術團體」的問卷調查。調查的對象，是「師大」、「輔仁」、「文化」、「臺大」和「東吳」五所大學的二百五十位同學。問卷的結果顯示，有百分之二十從未觀賞過藝術表演團體的演出。半月到一月一次去觀賞的人，只有百分之十四。問卷要求回答者填出他最欣賞的藝術團體或工作者，和那一次演出時，有百分之三十一到四十二的人表示無法回答。提到「雲門舞集」目前暫停演出，有百分之三十四的人表知道。這項調查還有其他許多項目，這裏不多述了。由於這項調查涉及的對象太少，太少的對象和包含的是大學幾年級學生也不清楚（如是大一新生，它的代表性就極其有限了），我們只能約略的據此看出一點端倪，即現在的大學生，不是如想像的那麼瘋迷於爭取欣賞較高水準藝術性音樂、戲劇及舞蹈演出，不是如某些人預期的那麼「有氣質」。

大學生所以如此，當然可以從各種不同的角度解釋它：如課業時間、消費能力、社會跟學校風氣的影響、學生個人的性向，乃至於問卷設計的技巧是否恰當，都有關係。有人如因此認為，今天的大學生，精神或文化生活有些貧乏，同學們可能不會心服。不過，如問卷測驗的內容不是藝術性演出，而是比較普通的電視、體育跟熱門音樂節目欣賞，結果可能會大為不同，這一點同學們多半會笑著承認的。藝術性欣賞活動很少，這表示大學青年的精神生活不只粗糙，而且，真的是層次偏低。國家正在盡力的帶領著大家朝已開發的第一世界衝進，如果自詡為走在時代前面的大學生，在習性偏好上還停留「第三世界」遲疑不前，還大聲的喊叫所謂「校園民主」（好好去讀書吧！請想，近代校園形形色色的政治運動，那一次是全由學生自發的？那一次不是有一隻黑手在背後耍弄？）這情形對於學生而言，是福是禍，是對是不對，值得大家深思。

其二，是在臺灣南部經商有成的奇美集團主持人許文龍先生。說他「經商有成」，可以用兩件事情表明，臺南市全年的總稅收，他負擔了三分之一；還有二十年來，他不斷的捐錢資助社會公益事業。僅是去年一年，他捐助的金額，就在新臺幣五千萬元以上。照常人所說的，人只要有了錢，就什麼都有。許文龍先生可以說是什麼都有了。然而，事實上他還是並不滿足，另外有所追求。想想看，許先生追求的是什麼呢？

許先生不只是資助社會公益事業，最近又宣佈提供千萬元新臺幣，支持培養藝術人才。他自己和他的孩子，更不忘在工作的餘暇，發展自己的藝術潛能。兩代人都能拉一手很不錯的小提琴，經常在家裏合奏。世人更該重視的，是許先生對於提升文化生活品質的感受跟看法。他說，當我們平均國民所得只有九十九元時，臺南市有博物館和精神病院。有人看到他在火車上埋首讀《易經》，對他表示尊重。他又提到英國人對莎士比亞的尊崇，連共產大國蘇聯在日本參加博覽會展出，都不忘把托爾斯泰、柴可夫斯基生前的用具，在會場展出來。我們呢？很多的人發了財以後還嫌不夠，要去忙著炒地皮、賭六合彩。臺南市本是文化都市，現在一般人只知道那裏的担麵了。想到這些，他心裏真是難過。

國內有文化覺醒的工商界人士，並不僅是臺南的許文龍先生。其他還有臺北市一家新起的百貨公司大樓裏，特別把六、七樓精心設計，闢為供藝術活動演出用的專業劇場；「中國信託」每月支持主辦慈善音樂會；「永漢集團」主辦畫廊；「明曜」和「崇光」百貨資助表演團體的成長等，看來參與文化生活品質的提升，似乎漸漸地形成了一種風尚。

使人不能沒有感慨的是：就上述兩種現象可知，在我們國內，似乎越是知識份子群集的學校，文化藝術活動的氣氛反而比較稀薄（以藝術教育為本科的學校，自然例外）。教授、學生比較更熱心的事，彷彿是政治性的埋怨批評，或傳播別人的批評。倒是容易被認為俗氣的工商界，頗有人在默默的向文化藝術入。是否知識界也有人在這方面投入，傳播媒體卻沒有看見呢？我誠心希望事實就是如此。總之，我們真盼望實在做事的人多些，不加深思、不合事實的埋怨之詞，不妨少些。有人說：「我們把『禮讓』給了日本，把『勤奮』給了韓國。」說話人的用意也許不壞。但，日本人的禮讓，南韓人的勤奮，真的是我們「給」的麼？我們這裏又真的沒人禮讓和勤奮麼？果真如此，為什麼最近世界上還有那麼多人批評日本人的毛病多多？為什麼土地人口是我們兩倍的南韓，國民經濟反落在我們後面？我們真正的意思是，有些人自己不肯投入去實踐力行，一天到晚，道理多多，行動少少，只是連聲的發表些似是而非，菲薄自己的怨嘆，執意要把自的社會抹灰，又有什麼真正的道理可說呢？

創造豐實有力的人生

寫到這裏，我忽然有一種很自覺罪過的想法，就是從頗多方面看（特別是經由傳播媒體所表露的情形），國內學校中的知識份子的觀念和行事，在表達或塑造國家社會今天和明天的面貌跟遠景方面，恐怕是相當弱的一環。至少他們實際的表現，沒有應該有的那麼好。情形所以如此，是否跟他們的手中既沒有「錢」，又沒有「權」，有點關係呢？因為，他們心高氣傲，卻是手中無力。我真希望自己是說錯了，因為，我一直是把他們看成是社會人生未來方向的指引者。至少在某種限度之內，他們應該是世人心中疑懷的破解人，是人生路上的「先知」。如果，他們的埋怨多於答案，學生們就會無所信也無所愛了，他們那裏還會去關心什麼藝術欣賞？

對於眾多的年輕人，我希望本文所引述的事實，能帶給你們一點啟發。希望你們多多的、更耐心的往社會的深層看。因為，社會活動的各層面，實際上也是眾多人生故事交織的所在，那裏面的學問和義理，比書本中更深切、更鮮活生動，會使你受益匪淺。如果你能把它和書本中所學的，綜合起來印證，再消化吸收一番。相信你的人生，會更加豐實而有力，你會忙不及的去做你想做、該做的事，不甘心做社會文化生活「牛虻」，邁開大步向「後物質主義」社會走去了。

十二、兩位美國學人的感嘆

美國人對自身社會文化的反思

前些時讀伯衡先生一篇短文，介紹美國羅徹斯特大學歷史學教授Christopher Iasch新著的一本書《風流自賞主義的文化》（The Culture of Narcissism）的要點，引發了一些感想。

伯衡先生所介紹的《風流自賞主義的文化》一書中，最讓人不能無所感受和興概的，是他看到今天的美國人，精神和心理狀況的特徵是：對於過去的迷信，既已破除，對現代又未找到新的迷信的對象，對右派表示失望，對左派也不欣賞。如此便成了沒有原則、沒有理想的動物，只會破壞，毫無建樹，缺乏夢想，其後果是空洞無物、無所適從。

《風流自賞主義的文化》的著者又以為：西方文化的危機，是潛伏的失望心理，此心理所以產生，是因為人們看到歷史不能在理智範疇中持續發展，會學、自然科學，非但不能如，此且已變成人類反抗自己的工具。加上經濟危機，無力挽救，政治上的激進份子，開始向恐怖集團看齊。如此下去，可能的結果將是：人人都成了自私自利的人，生活沒有長遠的計劃，只顧眼前，不看將來，事事都要求現時現報，人心徬徨，永遠得不到滿足。還有的現象是內心空虛，常會無端的忿怒，苛責別人，怕老、怕病、怕死；在另一方面，卻又喜歡誇大、自我炫耀，與他人的關係日趨惡劣，終至於人人互相敵視與鬥爭。藝術上的狂妄，代替了天然的寧靜美。這樣的人，也可能富有而長壽，但卻活得很孤苦、愚昧無知。該書的著者還認為目前美國人的不幸，大部份的原因是是非不分、善惡顛倒，是傳統價值標準的崩潰。他因此把挽救這種情勢的希望，寄託在「紀律的重建，互尊互重的表揚，勤於工作」上。他所提出的美國世道人心的救治之方，顯然是非學術性的，也是非常低調的。我們從他這樣的結論裡可以看出，連他也不能免於自己所擔憂的「潛伏的失望心理」。

稍後我又在報紙上讀到一則中央社譯稿，介紹美國當代知名的歷史學者巴芭拉·塔克曼在一篇文章中所表示的，她對於美國今日政情和人情的攬法，她文中的一小段話，引人注意，這段話是說：「現在（的美國）不是產生偉大領導人才的時代。有一部份原因是，現在不是人們覺得自己有機會一顯身手，以影響世局的時代。有了一個偉大的理想，人們才會發奮圖強——就像（人）在被一隻瘋狗追趕時，你能爬上樹去。但在沒有刺激的時候，你就爬不上去。」

實在說起來，以上對於美國，或西方人士精神狀態，跟實際生活墮落的分析和指責，並不新鮮，已是被大家談論了半個世紀以上的老題目、老問題了。我們想，斯賓格勒、貝卡也夫、羅素、卡繆、索羅金、海明威，乃至於最近由蘇共地區出來的索忍尼辛等，各式人物對西方人的批評，以及對西方文化命運的憂慮和警告，和聲聲的呼喚，卻仍然無能拉住每下愈況的形勢。竟使得不少的美國人，仍在驚懼的泥淖裡越陷越深，不知所之。這種情形，對於西方人士真正的意義究竟是什麼?對我們擁有古老傳統、富美文化，而今卻飽嚐苦難的中國人，它的意義又是什麼?

他們的感嘆，我們的感想

實在說，我個人並不會因為以上引述兩位美國學者的論調，就認為美國的文化、社會，已經「病入膏肓」、落日黃昏，美國學界一定還有其他的聲音，有帶著信心和希望的呼喊，美國的社會，也一定另有若干顯示信心和希望的層面。不過情形雖然為此，前述美國社會令人擔憂的現象，畢竟仍是相當普遍的事實，這些事實，自有其所以產生的原因，和相當不良的影響，我們即使是旁觀者，也應該正視它。

美國情景告訴我們，個人的生存，如果脫離了他所賴以存活發展廣大深遠的背景，就會不可避免的遭遇危機，失去他原有的生存力量和意義。這就像一棵樹離開它生長的環境和泥土；一個文學創作中的佳句跟重要的標點，離開了和它聲氣相通的全篇文章之後，就會失去它原有存在的條件和意義一樣，它將立刻陷於困境，陷於生命意義的消失。

數百年來，某些西方人在極端個人主義的立場上追求自由民主，和富裕生活，的確是有其輝煌的成就。然而，也正因為世人都享有了他們的成就，反而從其中發現：個人不但不能在物質幸福的營求上離群索居，獨立存在；在個人生命感情及精神價值的追求、肯定，跟擴大上，個人主義實屬荒謬，個人更加和週圍的人們，和自身所從屬的文化歷史分不開。我們說個人的生存，不能和我們所賴以生存發展的時空景分開，不僅是因為我們事實上需要如此，更因為它本來就是一體，就是不能分開。在個人生命的存在而言，「我」既不是一個孤立的開始，也不是一個終點或完成。我們強調個人對社會國家整體價值觀念的認同，並不是認為這是一種犧牲，而是認為這正是個人生命的意義，得到最好安置和最大肯定的途徑。從這種觀點出發，我們說個人對國家、社會的愛心，和對他人同情心是與生俱來，說強烈的自我奉獻正是個人生命的自我實現，是人性所以高貴和快樂之本，就更容易了解了。

正是基於這樣的認識，我們一直強調一種人生的態度，就是要把個人的人生諸事跟目標，安排在一個廣大深遠的時空背景之上，這個所謂廣大深遠的時間和空間的背景，具體的說，就是我們中國人歷史文化傳承的負擔，和整個大陸國土一團黑暗，水深火熱，任人高下冷暖的悲苦現狀，我們看到，當今世界各國，無分東方與西方，無分共產與民主，全都對中國大陸人民的苦難無所關心，都只想觀望或利用目前的現實情況，延緩他們自身的困難，爭取他們自身的利益，都對於共產政權恣意破壞中國固有繁富優美的文化遺產無動於衷。都似乎處心積慮的阻撓一個統一自由、富足強大、明日中國的出現。美國人正因為有這種心態，才導致如《風流自賞主義的文化》著者引為憂心的現象，日甚一日。我們無法對於這種情勢的逼人而來，橫眉冷對，無所作為，然則我們究竟應該用甚麼樣的態度自處？應該在這樣的背景之下，為自己安排甚麼樣的人生呢？

精緻文化與人生

對於我們今天的問題，無人能夠提出正確完美的回答。事實上，我們也不太急於得到這樣的回答，因為它也許暫時還「不可知」。對於我們，真正關緊的事情，是我們要勇於追求，在追求的時候，看得清自己的方向，知道什麼事情可以做，什麼事情不以做。什麼東西可貴，什麼東西絕對有害，我們可以憑藉自己的經驗和認知做事，知道人的生活，野蠻一定低於文明，精神宜乎主宰物質。在人我的關係上，和諧顯然比鬥爭好，形式上的平等實際是一種魔道，不如心理上的平衡自主，更有價值。知道自由與財富，正如水火，對於本性本來就非完美的人類，並非越多越好；知道不偏不倚的中庸之道，才有最大的妥當性，可以導引我們走上更高的人生境界。

最近，國內有人提倡精緻文化，我們響應這樣的號召，因為人生中擁有某些精緻的文化創造，人的思想感情趨於精緻，不是壞事，而是好事。精緻文化的價值取向，實際上是人性的自然要求，也是我們對於倒退的、向野蠻回歸的霸道的反文化逆流還擊。精緻的人心，也許不易趨於暴戾瘋狂。

然而我們預期的人生態度，還是寧願取法乎「中」。我們也不要放棄精緻文化的另一端，就是樸素、簡單、渾厚而元氣淋漓的人生，和這種人生的文化創造。因為生活的精美，固可接近藝術的巔峰，此巔峰卻正是新創造的末路，這種通理，值得世人記取，歷史告訴我們，新的觀念、新的精神和新的「人生面貌」的產生，多半不是出自享有精緻文化的圈子中，而是來自廣大社會人群的基層。歷史上創新時代的人，總是在野，而不是在朝的諸君子；是鄉下人，而不是城裡人。美國人所想的「風流自賞主義文化」的現況，也許正是他們享有了過多的個人主義，民主自由，物質豐富的精緻文明，有了「人人在朝」，「權力我有」的心態，所導致的結果吧！

願中國人不再有文化寥落，英雄遠去的惆悵

德日進認為人類文明進化的主力，靠兩種「能」的作用，兩種能是：「切線能（Tangential Energy）」和「輻射能（Radial Energy）」（「切線能」又被人譯稱為「物質能」、「半徑能」、「心靈能」，就是把一種潛力，作用於其他事物的外表上。），這兩種「能」，應該說就是我們人的愛心的根源，科學家們把宇宙看成是一連串的「綜合」，包括原子聚集成分子，分子集合成細胞，細胞聚集成各種動植物。總之，生命是一連串的綜合，生命綜合的本質就是愛，是把小我奉獻給大我。因此，德日進又說：「地球是圓的，友情可以環繞起來。」

我們想，德日進雖是科學家，他所最關心的卻是人類的心靈跟精神活動。他之在物理學中尋找人類愛心的根源，恐怕是情非得已。就今天的我們來說，我們寧願告訴現在的年輕人，他們的同胞正在受苦；他們國家民放的尊嚴正在蒙羞，被人撕破；我們寧願帶領他們到淌滿血淚的歷史中漫步，讓他們對於家國的苦難有感受，對自己賴以生存發展的背景有關心，如此，他們所有的如德日進所稱，人類與生俱來的「切線能」跟「輻射能」，才能發揮出來，成為推動國家社會文明進步的主力，這樣中國人就可以免於再有如美國學人克里斯多佛·雷什，和芭芭拉·塔克曼女

士所有的，文化寥落英雄遠去的惆悵了。

十三、關於「人是什麼」的看法

邊沁之言，發人猛省

恐怕有很多的人沒有想到，或者不承認，在所謂文明進化、「知識爆發」、科學昌明的今日世界，人類已經享有了前所未有方便富美的物質生活，卻居然對於究竟「人是什麼」這個問題，還沒有找到永恒性的標準答案。這種情形就彷彿我們人，已經戡天役物，戰勝了許多敵人，滿載而歸。回到家來閉目沈思，卻想不通自己為什麼打這一戰，不知道自己究竟該往那裡去，甚至於不知道自己姓甚名誰？

尤其關緊的一點是，現在的人所遭遇的很多令人困惱的問題，跟預想即發生的人生種種大的和小的問題，究其根源，都跟我沒有妥當的解答「人是什麼」這個問題有關係。也就是由於我們沒有建立起一種舉世公認的正確善美的人生觀。我們如果不能儘快解決這項問題，人類未來的日子，將不是更加和美跟幸福，而可能是更大的苦惱、災難，甚至於是人類自身的燬滅。

對於上述人類命運的嚴重情況，年輕的朋友由於接觸較淺，感受不深，恐難有真切的體會跟理解。在此，我們不妨先作簡括的說明，就是今日世界，人類固然在生活上享有了知識和科技昌明之利，卻也飽嚐其害其苦。其害其苦最主要的是：

和智識爆發伴隨而來的，是片面意見的流行，人生觀點及價值座標的分歧雜亂，造成如孟子書中所說的：「邪說橫行，楊朱墨翟之言盈天下。」使人無所適從，稍一不慎，即被誤導，走入荒謬凶險的歧途。

高度工業化、技術化，跟經濟發展的結果，造成大型的組織跟機械反客為主，反過來主宰人類，否定了人的神聖感與自主性，造成一般人縱慾、拜金、成為物性獸性所驅使的奴隸。造成如學者所謂：「良心變得毫無意義，教育成為（只是）經濟發展的手段。現代人真如俗語所指，在物質豐饒的環境中，逐漸成為怪物。」造成英國較早的學者邊沁所說的：「人寧可變成滿足社會的豬，也不要成為不能滿足社會的蘇格拉底。」

幾種比較古典的論調

韓國學者趙永值博士所著《人類的理想》一書，把當今世界人類所遭逢的，危機時代的來臨，其根由歸因於人類自身的迷失。他在試圖解答「人是什麼」這個問題的時候，曾經廣泛的檢討了首先享有現代文明生活的西方知識份子們的看法，把它羅列出來。這真是一種饒有意趣的研究，也有發人猛醒的作用。值得在這裡介紹一下：

第一、從歷史文化中看過去人的人類觀：其一，是把人看做大自然的一部份。人自認異於禽獸，又像神的樣子，可以自己設定生活的方向，有一種把自己擬神化的精神傾向。古希臘哲人因此提醒世人：首當自知。意思是說，人當自知是人，而非是神。所以應該謙抑一些，不可狂妄。其二，以希伯萊人為代表的以神為中心的人類觀。這是一種過度依靠神的態度，由於過份依靠神，使人在生活上偏重「他世的」、「厭世的」、「禁慾的」、「靈性的」一面，忽略自己捻土而成的肉身，也就是放棄人對現世生活經營的任務，終於演成所謂跛腳式的中世文明。其三，是歐洲文藝復以後人性主義的人類觀。這種態度，先是由歌頌人體及感官的美，進而肯定人的權威，再進而發展為人類學的研究，進而高舉理性的火炬。認為人沒有神的恩寵，也可以征服自然，創造歷史。人，漸漸地昂揚、驕傲起來了。其四，是實存主義的人類觀。這是一種比較平實，反對空論的人生態度，是人性主義人類觀的修正。這種態度，認為從生物學言之，人比其他的動物，在官能適應環境的能力上，反而是一種比較更不充份的存在。人是如尼采所說「尚未完成」，須自己創造自己，自提問題也可自提答案的存在。人須對自己的行動負責，即令前景悲苦，也應面對現實。

以上所述，都不脫古典文化教育的影響。以今天的情形看，各種人類觀的所見都是各有道理，卻並不完全，也不盡妥善的結論。

現代人的說法

第二、從現代科技社會看西方人今日的人類觀。這方面的理論，按理應該是在前述人類觀檢討批判的基礎上，再求充實、修正與發展，事實卻又不然。這個階段的理論之一，是把人看成為「工作人」，這個名詞是來自一位神學家所著的「人世間」一書。書中把今日社會稱為「產業社會」，今日人則是「工作人」。這種看法，認為人的本性，當從工作、製作、生產、勞動中尋求。人因此又必須進入其和機械、組織的關係，接受其影響和節制。人的價值決定於他的勞動力，他只是機械的附屬者，團體的一份子。他因此漸漸失去其獨立個性與真實面目，有了疏外觀念。實證主義、功利主義、馬克斯主義者，基本都是持有這種態度的人。

這個階段的理論之二，是把今天的人看成「大眾人」。「大眾」一詞的本義，先是相對於十八九世紀政治上的特權貴族、社會名流而言，有民主平等的某些含義。今日而言，則是指易為暴君及獨裁陰謀份子所操縱指使利用的群眾。布魯默（H・Blumer）甚至說：大眾就是仰視史大林的眾人。一個分散而孤立，隱名而埋姓的人。佛羅姆說「大眾人」是「自動的娃娃」。李斯曼說「大眾人」是「他人志向型」的人。這樣的人是流動的、原始的、匿名的、劃一的、同質的、無秩序的。

這個階段的理論之三，把今天的人看成「消費人」。今天的社會，其特質是經濟化與工業化，金錢、知識與科技擅場。人在這種情況之下，成了物質和知識的消費者，只是消費者。這樣的人生，是被動的、裸露的、無病呻吟的、大機器的小零件，觀念學對他而言，已無意義。

這個階段人類觀理論之四，是把今天的人看成「反抗人」。「反抗人」乃出生於對抗性的社會中，他們喜作「無理由的反抗」，傾向暴力，頹廢、性生活紊亂、抽吸麻藥、逃避現實。他們高唱反體制、反文明，否定一切，嚮往男歡女愛的世界。受黑格爾、馬克斯、佛洛伊德諸人決定性的影響。這情形，在美國曾有令人觸目驚心的發展。

最後一種理論，是把今天的人看成「放浪人」。所謂放浪，是在工業社會中，人與人、人與事物的關係，都在不停的流動、變化，不能固定，難以把握。這種流動跟變化，被美國人杜佛勒形容為「未來的衝擊」。放浪人也許可換言之稱為「異鄉人」，很多人因為不能適應新情況新事物的快速變換流轉，而精神崩潰。杜佛勒因此主張人應該對未來可能的變化，預作思考和準備。人似乎是非繼續的做「放浪人」不可了。

我們不難看出，這些由工業科技社會發展出來的人類觀，其所以提出，雖然各有事實根據，這些事實也都只是片面的、可變的。何況提出這種理論的人，他們所見的，也只是事實的表相。和以前的人相比，他們精神上人生境界的高廣和深度，真是「每下愈況」，膚淺與狹隘得很。他們把人生的病理現象誤為生理情況，以管窺豹，以偏蓋全。所得結論，也許只能看做是「現代文明的末日」的象徵，是近代西方人所一直偏執的物質科學、注重現象，濫用科際分析的求知態度，所導引的結果。

趙永植、卡瑞爾的主張

趙永植博士所見，和我們在這裡申明的意見略同。他主張把西洋的分析與東方的綜合方法併用，建立一種「調合統一人格的人類觀」。他先是比較人與獸與神的不同處，肯定肉體與精神生活並重。然後參照東方文化的人本觀念，希望找出一條自主的、自由的、發展的，人人具有地球家庭的愛心的人生態度。他認為，人類可以經由改善教育「特別是大學教育」的途徑，培育出新社會、新世界的主人，建設新的世界。也許是由於範圍所限，趙氏的論述，只偏重於現代人的改造，對於人類的理想本身究竟該是什麼，說話不多。不過，我們已經知道他所追求的人生態度是什麼，這就夠了。

由人的改造著手，來改造世界，這種努力，在趙永植博士以前，早就有人就在做了。像古代的孔子、老子、現代的德日進，和卡瑞爾〈Alexis Carrel〉所做的研究，就是證明。可想而知，趙氏的主張，即使已受到西方人的重視，其實際上的影響也是有限的。更值得注意的，是卡瑞爾所提出的人的鑄造的方法，基本上還是分析的、個人的，甚至是帶點霸道的。例如他主張，我們鑄造新人，要「使強者永存」。他認為：「人的價值，取決於他面臨逆境迅速應付的能力」，要在「精神上、道德上十分傑出」。他又說：「社會必須使用一切可能的方法，來構造較佳的血統。」

他又主張，現在社會上有相當數量的人，犯罪性行為上有缺陷。他們的存在，對於善良的大多數正常人，是一種負擔。例如，為了維持監獄和瘋人院，每年花去的錢極為可觀。他質問：「我們為什麼要保存這些無用而有害的生物？」他也承認：「殘酷的物質主義，不僅反對智力的提高，並對易感的、溫良的、柔弱的、孤獨的、愛美的，不追求金錢而追求其他事物的，十分敏感受不住現代生活刺激的人，予以重擊。」對於改善這種情況，他提出的方法是：優生、教育、顯然還包括社會制度的改革。（以上引述文字均取自《人・未知者》一書）

兩種感念，請再思量

談到這裡，我們回到本題，再來考量「人是什麼」這個問題，難免會有兩種感念。即：一、我們中國人有的「天人合一」、「致中和」，以生生為大德，「自強不息」的人生態度。必有一天，經由我們的努力發揚，在世界上更顯見其永恒優越的價值。二、我們不認為，優生而後的強人，就可以帶來和平進步的幸福世界。人除了本身的健全之外，還必須顯示出一個可大可久，至當無偏、為大家一致認同的人生理想。沒有這個理想，人類即使在生理官能上再優異，優異到如鷹的遠視、如馬的奔騰、如蝙蝠和魚類的敏靈，也只能在動物世界裡生存。我們因此不免想到，我們一意的跟著西方人走，把自然科學的求知態度用來企劃人生，指導社會，似乎應該檢討，應該回頭了。我們大家如何用心用力，經營出一種更善美的人類觀，再把它現代化、世界化，也似乎是時候了。

十四、心理學家看人生

各家所見不同，趣意橫生

這裡，我摘述另一些現代西方學者所提出的，對於「人」的研究的所見，希望這些關於人的新了解，能引發讀者自己關於人生的新理解。

由於行為學派及心理分析學派的研究受到冷待，漸漸地被超越，產生了認知心理學、發展心理學，這兩派學者努力研究探索所見的人的新面貌，是這樣的：

●「新起的認知心理學家們反對行為學派機械論的觀點。他們強調心智活動的架構和歷程，心智活動不能被化約為一些被強化的反應組合。」「從前被心理學家們視為『過份唯心』的學科，都重新受到重視。」「心理學這場巨變，其實是對『後期工業革命』的一種反應。」「工業革命中所強調的，是能量和能量的轉換。隨著科技進步，能量的重要性，已逐漸為資訊和控制所取代。」「現在的問題是：當機器轉動後，你如何去經營去管理它。」

●「想開了，歐威爾的『一九八四年』將永不會來臨，赫胥黎的『美麗新世界』也永無實現的一天。心理學已發現到新的事實，就是運用人類的智慧與自律的力量，經過縝密的計劃，有效控制科技的進展，心理學已找到了它的『心』。」以上是美國著名心理學教授有布魯納〈Jerome Bruner〉的看法。

●「現在我們可以毫不羞愧的爭論說：情緒的強度和品質是來自於人們對於所發生在他們身上的事件的看法或評價。而這些評價。都基於事件本身對於他們的幸福的影響而定。」美國加州大學心理學教授拉薩羅斯〈Rrcharel S．Lazarus〉。

●「人們的知識，大部份決定於自我的選擇。人不是本能的傀儡，也不是強化作用之下的奴隸。」「人可以看、學習以及了解。」「認知心理學有許多派不同的觀點。我自己的看法，認為知覺主要依賴存留於外界的訊息。」「我極力主張生態觀點。」「事實上很多學者極度排斥生態觀點，樂於接受電腦的類比……把人視為機器，實為不太動人的類比。它沒有感情，也不會作任何承諾，也不適合去作經驗世界的探索。」美康奈爾大學心理教授奈色爾（Ulric Neisser）。

●「心理學將超越純學術和專業界限，擴展到更寬廣的人類文化中。」「一個人決定是否幫助一個人，受兩種力量的影響，即『道德感』和『情境中的細節』。」「今日科學二大成就：一是計算機科學，一是人類對去氧核醣核酸的了解，及分子生物學的發展。」紐約州立大學教授米格姆（Stanly Milgram）。

●「眾多的研究證實：一個生活在簡單穩定情境中的原始民族，其成員的血壓較低，血壓也不會隨年齡提高。」「當這批人移居城市以後，他們會血壓增高，血壓也會隨年齡增高。」對於人，「壓力性情境的效果，至為危險。」「美國一九七九年的死亡案件中，大約有一半是由於不建康的行為或生活方式造成的。百分之二十是環境因素，百分之二十是人類的生物性因素，僅有百分之十是死於不當的醫療。」美紐約洛克菲勒大學名譽教授米勒（Neal E．Miller）。

●「人口統計學的一個無法避免的事實是：在人口年齡的分配上，中、老年人所佔的比例，日漸增高。」「生物醫學界引起爭論的是老化過程的研究：壽命的延長，意味著究竟是衰老期或是健康期的延長？」「人類行為的延展性很大，嬰兒和老人同樣都在學習，每個人都想把自己的能力發揮得淋漓盡致。」「發展或老化過程的社會因素，和生理基礎一樣重要。」「由兒童到老年，我們不斷的選擇、解釋成長的多種經驗。」「個體意志是導致各項變化的主要原因。」「我們可以肯定：生命歷程是人自己創造的。」「在人的後半生中，年齡是個人行為與生活條件的一個很差勁的指標。」美西北大學教授紐葛婷（Bernice Neugarten）。

●「一些原該由詩人、文學家處理的人生題材，現在也成了心理學家研究的對象。」「心理學受大家注意，跟人的心理疾病有大關係。這是人們生活缺乏目標，存在失去依據的一種現象。」「原來能夠降低焦慮、減輕罪惡感、安慰人心，給予人面對因難力量的古老傳說和信仰消失了。心理學除了彌補心靈創傷以外，是否還另有貢獻？我不清楚。但，有一點十分明白：要想尋找文化道統與傳承的再生，只能由包含文化智慧的藝術、文學、人文與宗教中著手。」「在新文化的發展過程中，心理治療終將喪失現有的重要地位⋯歷史上如西元前第五、六世紀的希臘，中世紀及近代之始的十六七世紀的偉大時代，都是哲學與宗教的時代，而非心理學時代。」美「存在心理療法」創始者梅洛羅（Rollo May）。

●研究心理學的人，更該關心對街發生了什麼事，注意那個事件中傷心的女人。「如果你知道如何去安慰她，然後你就可以幫助她了。當你想到人們如何的互相傷害、互相幫助。就會發現，世間的凡夫俗子比實驗室裡營養良好的白老鼠，更能吸引你了。」這意思就是說，心理學的研究，應該是人的研究，為人而研究。而人的一切跟他週遭的環境有密切關係，人不單是一種生物性的存在。「人類是容易受到社會壓力傷害的。任何人在『沒有人認識我，也沒有人想認識我』的情境中，都可能變成破壞者、刺客或是恐佈份子。」

發展心理學者已經致力於研究如何增進人與人間的關愛。「問卷調查顯示：美國是個寂寞的人組成的國家，彼此沒辦法長期遵守誓言，在工作上對僱主與產品不再忠心耿耿。現在正是研究如何把年輕人善良的品行喚回來的時候了。也許我們該用一種充滿著愛、以工作為榮，多少帶點有精神目標的方式為之。現在認知心理學已經取回一度被激烈行為主義者摒棄的頭。我們也許要考慮在未來十年中，要加入一顆心或一些靈魂到人體內。」認知心理學家肯人的主動性，人不是如行為學派所認定的，一切行動全由外界刺激所決定。美史丹福大學心理學教授金巴度（Philip G．Zimbardo）。

●今日世界的情形，似乎是「一切都附屬於工業生產的增加，一切都隸屬於軍備。人們在世界上只是集中力量從事黑吃黑、互相殘殺的勾當…整個世界用於一切研究的全年費用，還不如一艘主力艦的價格高。假如我們的曾孫視我們為野蠻人，當然沒有什麼不對的地方。」

●現在是人類科技最昌明的時代，可也是人類末日感越來越強的時代。科學家中的有心人卻不作此想。「天文學家認為，假如一切正常，人類不論如何還有幾億年的歲月。因此我們大可安心，因為這個清算期是夠長了，當然陰影也更長了。」不過，「人類對地球末日一切的悲觀描畫，不論依照宇宙的災難、生物學的瓦解，或僅根據生長的停止或衰老，都有一個共同之點。就是：把人類個人和初級結局的特徵與條件，不分青紅皂白的伸張到整個生命。」「科學家肯定，人的生命擁有地質學長久的時間去發展自己。和先於人類的動物階層相比，平均持續至少要以八千萬年計算，人類是如此年輕，以致可以說我們還剛剛誕生。」

●這是「一個人的科學時代，卡萊爾把人視為未知數。但我們可以說，人也是我們所能知曉的一切的答案。」「解釋人，主要乃是努力想知道宇宙如何形成，如何繼續變化。」

●「表面上看，現代世界乃是從反宗教運動誕生。人為了片面自知而自負，理性代替了對神的信仰。在經過將近兩個世紀之後，科學與宗教，誰也沒把對方毀掉。相反的，誰也不缺乏對方而正常的發展下去。同一的生命使它們兩個生氣蓬勃。」「一旦科學超過構成它們的低級和入門階段的分析研究，並進而從事綜合研究……於是，科學就超越了自己，而噴湧出來自由選擇和崇拜宗教。」（以上四則取材自德日進著《人之現象》）

五種趨勢，向人回歸

前文所舉的多種關於「人」和人的環境的了解，顯示著幾種趨勢：其一、是學者已經從支離的、唯物的所謂「純科學」研究中清醒，回頭走到「人本」的位置來，讓科學知識為人服務，讓「人」成為知識座標的原點。其二、是科學家也已經從分散的研究中清醒，領悟出「整合」的必要。不但各種學術的科際區分應該整合，還要兼顧人與境的交涉跟整合。其三、是肯定人的主動性跟能動性。肯定超越物質的價值判斷，如說「善良的品行」、「精神目標」、「愛」、「對僱主與產品忠心耿耿」、「靈魂」、「心」等。因為「人」這個智識和價值座標的起點和答案，是不能被代替或超越的。其四、是學者漸漸有一種共見，就是指明世界末日或「一九八四年」式的悲苦的明日觀，不僅是不會來到，即使有可能出現，那日子也極其遙遠——約在億萬年後，因為人類已有覺悟，且有能力防制它的來到。這種樂觀精神，正是今天的世人所需要的。其五、是由於人的地位得到新的肯定，由人所創造的文學、藝術、哲學、宗教，也因而重新得到更大的承認。科學不再是唯一的真神了。

本文所羅列的論點，不論它們彼此是否相關，或者恰相衝突，人都必須消化了才吸收，批判過濾才加以接受。尤其重要的是，人要藉著它引出自己新的所見，不能只把自己當做收容別人所見的知識和觀念的簍子。人生如大地，要能吸收，更能生長；人生是活性的存在。

珍惜既有的認識，站在新高峰上向前看

跟人類過去的知識積累相比，我們今天的所知跟所能，無論在質與量兩方面，都是在新高

峰上。我們也不難想到，人類在未來五千年的知識積累，必定比現在要高出甚多，高出到我們沒法憑今天的所知去模擬想像。猜想人類在那時候回顧今天，多半會笑我們的所知跟所能，還太原始、太粗淺。因為今天我們認為最巨大、最精密的機器發明，也不過是基本物理的應用，是原始生物機能的模仿。事實上，今天的人，連自己究竟是什麼，連人類生命的限度都不清楚，竟嚷嚷著自己已經文明進化，到了「後期工業革命」，這不是可笑的「童言」麼？

不過，我們雖然明知現代學者對人的認識並不足夠，明知我們離開最後的答案還很遙遠，由於這些新知得來不易，且畢竟是有助於我們對自身更多了解，我們還是非常珍惜它，忍不住要反復的思索它、玩味它。

十五、邁克·傑克遜的故事

他的家世和他姐的一樁近事

國內喜歡西方熱門音樂的年輕人，怕很少有不知道，或沒有在螢光幕上看過邁克·傑克遜的歌舞演出的。猜想，當年輕人專注的欣賞邁克·傑克遜那種種充滿動作的火熱表演時，會把自己投入到感官興奮的滿足裏。很難想到他的人生與自己的人生，乃至於和更為嚴肅的文化傳播，社會價值等這些事體有什麼關係。因為，他已經習慣了凡事淺嚐，求個比較容易得到的滿足，享受輕鬆寫意的人生。對於邁克·傑克遜的人與歌，他所求也只是這些，要他再從他身上去挖掘別的不屬於歌舞的東西，找尋什麼「意義」，就是跟自己過不去了。

不過，筆者也敢於猜想，邁克·傑克遜多半不喜歡世人對他的欣賞和了解只是這樣。因為，我們不難從他一向演出的情形看出來，他所執意追求的，並不只是世人的掌聲，和有形的財富，恐怕還有別的東西。世人如果不知道這一點，就沒法明白邁克·傑克遜何以會有今天的成就？是什麼力量或者原因，使他有今天的成就？而他所以有今天的成就，又代表什麼意義呢？作為一個邁克・傑克遜的欣賞者，如果對於這一切全屬茫然，或全不關心，總覺是美中不足。我們安排人生，總想在生活當中尋找自己所喜歡的事物，而且是越多越好。可是，我們如果對自己喜歡的東西也甘於不求甚解，就很難真正的享受它、擁有它。這樣，我們的人生就失之淺薄，我們實際上就是懶惰菲薄自己了。

正因為考慮到這一點，本文就想蒐集一點關於邁克・傑克遜的資訊。把它摘要陳述出來，作為西洋熱門歌曲的一般的聽眾朋友，進一步認識邁克・傑克遜的參考。看看經過如此較多的了解之後，能不從他的身上，找尋到別的對自己有用的東西。

關於邁克・傑克遜的為人，有一件事，大家該都已經知道了。就今年三月份出版的《花花公子》雜誌，因為邁克・傑克遜知道了他的姐姐拉雅特・傑克遜，答應自己做這一期雜誌的主題人物，並且，用自己的裸照做本期的封面，大表不滿。新聞報導說：邁克・傑克遜曾經出面阻止姐姐這項決定，說如果她急著用錢，《花花公子》答應付給她多少代價，他情願付給她，只求她從這件可能給他們姐弟招來惡評的事件中退出來。沒想到拉雅特・傑克遜拒絕了弟弟的要求。拉雅特這麼做，是要表示她對《花花公子》經營者海夫納履行合約的真誠？還是為著表示她個人的獨立性判斷？還是兩者都有？旁人不得而知。大家卻知道，邁克・傑克遜經此一事之後，氣得聲言再也不理會他的姐姐，從今後彼此一刀兩斷。這件事由於邁克表現得非常的決絕肯定，使得世人了解到，原來他是一個極端重視自己做人的形象的藝人。他不願意被人看成是「為了名利，什麼事都會去做的人」。

邁克・傑克遜究竟是怎麼樣一個人呢？他堅持不讓姐姐拉雅特・傑克遜賺那種被世人認為出賣色相的錢，是不是矯情做作？對於這個問題，知道實情的人，會肯定的搖頭，說事情並不是那種樣子。

事實上，早在西元廿世紀七十年代，邁克・傑克遜就以童星姿態，在「傑克遜五人」合唱團中嶄露頭角，風靡全美了。他的姐姐的拉雅特也是一樣。在美國黑人社會，他們傑克遜一家過的是中上層階級的生活。他們的出道，和從貧苦出身、苦幹有成的薛尼鮑迪、森美戴維斯等完全不同。也因此，他們沒有其他黑人藝人的拘謹，品味也比較高。就拉雅特傑克遜來說，她被看成是搖滾樂高水準歌星，擁有好幾支暢銷歌曲紀錄。她和老弟邁克・傑克遜，都是紅遍全美及國際間，腰纏億萬財富的人。是公認為美國有名的通俗音樂黑人歌唱世家傑克遜家族的優異人物，非一般庸俗歌星所能相比。拉雅特答應做《花花公子》的封面女郎，所以然的原因，很難說全是為著金錢。那麼，她為什麼要這麼做？她的老弟邁克・傑克遜又堅持反對姐姐這種做法？這其中的情理所在，略微探索一下，會很有意思。

時人以嚴肅的目光看傑克遜姐弟

一向從文化傳播觀點發表時事評論的隱仕先生，最近寫了篇專文，說明「傑克遜姐弟的『皮』『肉』生涯」。文章裏對傑克遜姐弟的情形，有如下的評述：其一，說拉雅特不聽乃弟勸告，寧願做《花花公子》封面女郎，和邁克本人也不惜動手術易容，改變面皮，以及塑造「龐克」化的外形，吸引觀眾。這些做法，都是因為最近七、八年，美國搖滾樂被色情文化侵入，又經過度傳播，形成節目商品化，不得不講求「包裝」所造成的結果。傑克遜姐弟基於職業上的要求，如此來適應「市場」的做法，實在講，這背後也自有一種蒼涼的心境。

其二、色情文化在歐洲，所根源的是戰爭的恐懼心理，和唯美浪漫思想，是較少數人才有的淫樂秘戲。在美國人來說，成年人把色情和健身結合，使性開放的色情活動公開化、大量化、市場化了，全沒有秘戲和浪漫唯美的特質。搖滾樂加入了色情，又跟「龐克」和吸毒結合，就不再有思想和靈性，而成為如口香糖一樣，變成速食型的感性刺激，所表達的，不過是一股虛無主義的暴烈情緒。在這股情緒沖激之下，社會原有賴以穩定和諧的價值，都被化解消失掉了。

其三、說傑克遜姐弟被視為美國國寶，像邁克・傑克遜的經常的遊伴，總是找布魯克雪德絲等差不多的玉女紅星相與。情形為什麼會如此呢?原因在於，越戰後的美國社會解體，黑權分離運動，和黑人文化魅力，對美國形成了巨大挑戰。在這種情形之下，既是黑人，又並非純黑人的邁克・傑克遜和他的姐姐，就被當做化解上述挑戰的，「中性化」美國人的典型，高舉起來。傑克遜姐弟使黑白美國人都喜歡他們，忘記了黑白人種在文化和體質上的差異，是美國最大的成功。

隱仕先生從文化傳播與批評的觀點，提出了以上的看法，似乎也連帶的批評了傑克遜姐弟。他至少是醒世人，應該從邁克・傑克遜和他姐姐的故事裏，看出美國商業文化和色情文化在傳播媒體過度膨脹中所顯現的病態。進一步知所警惕。他在其他評論文字中曾經指出，目前在中東的黎巴嫩、伊朗乃至於阿富汗、巴基斯坦某種情勢的發展，實際就是注重宗教真誠，和生活倫理的伊蘭文化，對於西方社會上述趨勢的反動，有其不得不爾的道理在。從這樣的觀點看，隱仕先生事實上又恰恰是高舉了傑克遜姐弟。認為他們的存在價值，該是在年輕朋友所喜愛的流行音樂之上。這也是必須在此地指明的。

經營料理人生，「低目標即罪惡」

筆者認為，單純把傑克遜姐弟的行為，看成是美國商業文化跟色情泛濫走向腐化的代表性人物，並非絕對公平。邁克·傑克遜對於姐姐拉雅特堅持做《花花公子》的封面女郎的做法，不以為然，不惜出之以異常決絕的態度，就是他不甘墮落，企圖在較高價值層面肯定自己的具體證明。照我們國內某些人士自以為是的想法：「有了名利，就什麼都有了」。邁克·傑克遜如果也是這樣，他就不會跟姐姐公然決裂，他就會失去很多人的喜愛和敬意，就不可能會發生如隱仕先生所說，化解美國越戰後的黑權分離運動，和沖淡黑人文化力的作用。他就只能跟別人一樣，是那種撈點名利就心滿意足的，普通庸俗的歌星，忽然升起，忽然消失，被人遺忘，如是而已。

此處所以把傑克遜姐弟的故事，當做本文的主要話題，是因為他們代表著黑人在美國社會不甘雌伏，力爭上游，要投入美國文化主流的意願和衝勁。他們所取的方向，跟所走的道路相容或也有可議之處，但，那並無礙於他們自我提升的奮發。無論如何，他們所表現的，生而為人，不甘於卑瑣和庸庸碌碌的生活，拚力向上攀騰的精神，是值得給予肯定和讚美的。

世人有識日本人為「經濟動物」者，實則日本卻有人在談企業管理經營時，特意的強調這樣一種觀念：「低目標即罪惡」。此所謂「低目標」，不著重在追求盈利的大小，而在於認為成功的企業，所追求的不應該只是盈利比別人多。更重要的，是它能在社會整體的福利和文化意義上，在可以普遍長久的人生哲學的實踐上，站得住腳。人如果不明白這一點，完全沒有精神層面唯善唯美的嚮往，而只求「賺大錢」、抓特權，藉此顯示自己的成功。這樣的人生，在個人是庸俗；在整個社會，就是罪惡，就是大不幸的開始了。

當然，本文無意勸世人都學邁克・傑克遜的樣子，只不過是拿他們發生在現實人生中的故事，引出我們的話題，顯示本文主題的方向，如斯而已。我們認為，作為今天的中國人，主客觀的要求，都使我們在人生的嚮往上，必須指向更高更遠更好的理想，我們才能享有更幸福跟有成就的明天。

我們所以強調這一點，是因為國內社會，不論是工商、文化，跟政治圈裏，有越來越多的人，故作強人，實際是愚妄侏儒式演出。我們擔心，世人本來可以有為的人生，一旦被這股浪潮給淹沒了，倒並非要人人投身於國家社會的政治運作之中。我們只須人人在安排自己人生的想法和做法上，考慮到本文前面所陳述的道理，做本身該做的事。人人如此，天天如此，就會在無言中產生出巨大無比的力量，把個人的人生，和社會發展，帶向嶄新的大好境界。

十六、出賣人生

一個美國青年的故事

一九八八年一月十九日，「法新社」從東京發出一則消息說：去年十一月，紐約一家樂器店失竊的一把世界名貴小提琴史特拉底，在東京找到了。一個美國青年璜恩，企圖以一億三千萬日元（約合美金一百萬元）出售這把名琴，他已被警方逮捕。璜恩今年三十歲，他在紐約巧偷名琴得手，卻在日本失風了。日本警察在他到達東京六天就把他關起來，「六」也不順，他背上「涉嫌違法移民」的罪名，美夢泡湯了。

我們講以上的故事，看重的不是它引人的稀少性，反而是這種事在當今世界的多見性，跟象徵性意義，是它讓人想到：為什麼一個年平均國民所得兩萬美元以上、富有之國的青年，會做出這種事?璜恩的發財夢已經破碎。可是，讓他成為這樣的人、讓他做這種事的背景和觀念，並沒有破碎。甚至於還蠻囂張的存在著，還向著世人擺出咄咄逼人的姿態呢！

看全球泛濫的拜金浪潮

目前，全世界正在洶湧泛濫著一股驚人的「拜金求富」的浪潮，把人推向一種貪圖物質享受、追逐感官刺激和片刻陶醉的生活。上個月，國內一本馳名國際的雜誌有人撰文，專就這種情形，提供給我們一些訊息。文章的標題是〈這個地球被錢潮淹沒……〉，文章說：「八〇年代的金融市場……全球證券發行量，從一九八〇年的三百八十億美元，激增七倍，到一九八六年的二千五百億……股價平均比五年前，至少上漲了百分之三百以上。」又說：「目前外匯市場上，每天的外匯交易成交量，多達兩千億美元以上。但，其中只有百分之十到十五，用於真正交易，另外的百分之八十五左右，都屬於投機性交易。」同一雜誌的另一篇文章，標題〈如果生命等於888〉（是一篇譯文），其中報導：「八十年代的美國，是炫耀財富的社會。一九八二到八六年間，美國豪華轎車進口數量成長一倍。過去十年，第一次購買貂皮大衣的女性，平均年齡，也從五十歲下降到廿六歲。」文章又說：「最近一次對初、高中生女生的研究發現，百分之九十三的受訪者，最喜歡的休閒活動是逛街。一九六七的一項調查研究中，有百分之八十的大學生，把追求『有意義的人生』，列為重要的生活目標。只有百分之四十的大學生，相信追求財富很重要。

到了一九八六年情形剛好相反，百分之八十的人立志追求財富，只有百分之四十的人，有興趣追求有意義的人生。」

文章還列述事實，說明這種情形：「美國大多數年薪四萬美金以下的中產階級，也迫不及待的跳上炫耀金錢的列車。四百美金一件雨衣、兩百美元一枝筆。愛用奢侈品，使得美國借債來消遣的現象，達到以前所未有的高峰。」

「他們的子女也不例外，在許多高中學生的畢業舞會上，一夜以二五〇美元租一輛豪華轎車的事件，時有所聞。許多高中生犧牲課業，晚上拚命打工賺錢，目的不在籌學費，而是用來買汽車、音響、時髦服飾。」

跟這種現象平行的，是繼色情雜誌暢銷泛濫之後，報導富人生活、提供發財捷徑的雜誌書籍，正在美國社會大受歡迎。美國人追求財富和享樂掛帥的生活態度，甚至於使他們有些人「認為只有傻瓜才儲蓄，有錢就應當趕快花掉。以免一旦通貨膨脹，手中的鈔票又變成灰燼般的不值錢。」

美國人是這樣，日本人又是如何呢？前述國內雜誌同期的第一篇文章也說：「日本一項類似的調查結果則發現，在（大學）畢業生最嚮往的前十項行業中，有九項是與證券、銀行或經紀商等金融機構相關。這些行業被認為是最容易賺錢的地方。」

歐洲的情況如何?這裡不想多作事實舉例了。只以一月份前來我國的一位荷蘭籍的和尚阿難達的事，讓世人「舉一反三」去推想那裡大概是怎麼樣。今年四十歲的阿難達，是十三年前出家的。他的童年過得很苦，自然會嚮往豐美的物質生活。大學畢業以後，他在追求幸福生活之餘，眼看歐洲各國人民，頗多是一生追求永無止境的物質享受，卻因為相對的造成心靈空虛，活得極不快樂、不自得。這激起他很深刻的反省。他認為：人如果不能擺脫世俗的物慾生活的誘惑，陷入其中。就是社會國家的政治、文化、經濟再怎麼發展，也還是得不到真正的幸福，只剩下痛苦。阿難達是阿姆斯特丹大學經濟系畢業生，他的故事，足夠發人猛省了。

我國大陸的情形，另有一種意義。十億以上赤貧的人民，文化精神被斬斷，倫理道德觀念被扭擠變形，個人間的感情交流幾乎視為禁忌，稀薄得令人窒息。這種絕對的貧乏，一旦大陸稍稍開放一點，就形「一切向錢看」的怪異衝刺。這情形酬加上當權者的「四個堅持」，交錯擠壓下來，脆弱的個人，會面對什麼樣的後果?我們只能說，大陸人民「向錢看」，其情可憫，值得寬諒。但，問題如果不從根本解決，情況會比糜爛的自由人更糟。

本文此刻所關心的，老實說，還不是「別人家院子的風景」，而是上述優先發生在別人那裡的拜金狂潮，已經猛撲到我們這裡來了。前述權威雜誌中那篇文章一開頭就說：「台灣被錢潮淹沒了？投資、理財書刊爬上排行榜首；證券交易所水洩不通；熱門話題圍繞著薪水、跳槽行情、一日數驚的匯率、股市打轉。」

想想近幾年台灣社會犯罪的增加，想想盲目求財給某些人所帶來的不幸的結果。我們會問：「情形怎麼會這樣呢？」

美國賓州大學社會學家巴茲爾說：「價值真空時，金錢的份量就重要了。」國內學者有同樣看法。認為這是過去經濟高度發展，跟社會文化成長脫節的結果。世人的精神嚮往，失去原有的憑仗，就只有唯錢是問了。因為，人總是要抓住一個自己以為可靠的東西，才會心安。前人早就說過：「有錢能使鬼推磨。」連英國以浪漫言行知名的詩人拜倫都講：「手頭上的錢，是阿拉丁神燈。」大約，在越是富裕跟自由的社會，世人賦性當中潛在的「物性」跟「魔性」，越容易有機會自我膨脹，陶醉在膨脹後的「幸福感」和「滿足感」之中。多金跟物質享受，真的有那麼美好而又可靠，值得人放下其他的一切，自己弄扁了人格，在險路上奔走鑽營嗎？

對金錢和當今人生境況深一層看

這裡談以上的事情，不是從社會學或經濟金融問題研究的觀點說話。而是關心個人在今天，怎麼樣以新的態度、新的理解，去對待金錢或物質財富，免於迷失和沉淪的困擾。關心人該怎麼樣去善用財富，去經營超乎物質財富以上更好的人生。本文標題「出賣人生」，用意不是把金錢和幸福的人生對立，不是認為兩者不可兼得。而是明白的告訴世人，人如果一直沉溺在前面所指的金錢的追逐和享受之中，人生真正的幸福，就會不可避免的被自己出賣掉。

事實上，太多原本可以過得幸福快樂的人生，已經被有些人親手撕碎，或者出賣掉了。請想想看，貪婪放縱的拜金浪潮，虛擲了世間多少幸福的資源?有些人生活奢侈、賭博、歡宴，動輒數萬或數十萬金。種種情形，經由大眾傳播媒體誇大集中式的反映出來，讓人覺得身邊充滿了浮誇、驕狂、詐欺、爭奪、薄情、寡義、不孝、無信、殘狠凶殺、家庭破碎，跟個人身敗名裂的故事。這情形像一池被攪翻了的湖水，腐爛發臭的碴滓，全漂在上面。難怪美國有人把自己的社會看成是罪惡的淵藪，說「法律是王」失效了，說今日美國是「現代羅馬人」。以前，有的人因為討厭美國社會的貪婪散亂，轉臉把中國大陸的共產社會，看成是「人間天堂」。稱讚那裡背誦共黨教條的人，有「目標感」、有「秩序感」。甚至於有人會錯了意也表錯了情，把中共搞「文化大革命」看成是「人生的清潔運動」——反正受辱和慘死的，是地球另一面的中國人，痛苦不在美國人身上。美國人拜金拜物的勢利主義，弄得國家的上層也不分是非、玩弄權術，和共黨政權拉手。身為大國，道德無能，帶來國運衰落。幸而後來有雷根力圖振作，情況有了改善。但，美國人頗多人仍然是「只取不予」，堅持享樂。如此這般，才弄得幣值巨幅下跌、生產力難以提升，政府背負著數千億赤字預算，一年近兩千億入超的困窘，不得不對自己實際依賴的小國施壓。其他如日本、歐洲各國的國民道德精神的下沉，中國大陸人文精神的瀕臨破產，在在都跟前文所指的普世泛濫的錢潮，或因過度貧窮，造成「錢」的飢渴的大背景，有密切關係。

個別的看，社會上總會發現，頗有些本可有為的壯青少年，被金錢和物質享樂的誘惑絆倒。他們逃學、逃家、械鬥、吸毒、殺人自殺、犯罪入獄、去國流亡，或撕破了做人的尊嚴，丟掉了寶貴的性命。台灣已是高度開發，充滿機會的富裕社會。可是，這些人得到的卻是什麼？他們原先希望的人生，不該就是這種樣子！

然而，為什麼頗多人、頗多社會和家庭的生活境況，卻弄成這種樣子呢？對於這個問題，我個人的回答，不是如有些人受佛家信徒的影響那樣，把錢財看成「生不帶來，死不帶去」的身外的罪惡象徵，勸人儘可能避開它；也不是如基督教宣講道理時，一概的敵視擁有較多錢財的人，斷言富人斷不能進入天國。為什麼各宗教的神明，都曾用財富的獲得來酬慰真誠行道的人？可見錢財之為物，它的功用是中性的，可用於為善，也可以用於為惡。就生而為人的我們來講，重要的地方是我們人性的所趨，是在我們對於幸福人生價值標準的抉擇，是不是對了，還是錯了。是在於人是否真正弄清楚生而為人真正的需要是什麼？人該把自己看高？還是看低？是該像草木禽獸一樣，只有物質生命的繁殖就夠了？（實際上，動、植物的生長，也有強過人類的地方，如松竹梅的堅貞莊嚴，鶴鷺的高潔自持，花的純美，羊的馴良…）還是在人的物慾追求之上，追求更芬芳更永久的生命。

過份的看重人的肉體生活，追求感性的陶醉或滿足，是今天世人一切大小苦痛和禍害的根源。由於重視身外的物質財富，所以，凡事只求多得，討厭「付出」。並以多「得」為「成功」、為「福氣」，貪心就橫生濫走起來了。其實，人也知道肉體和物質的生命是「有限」的、「無常」的存在。人另有追求超越，追求比肉體生命有更大肯定性，和永恒價值的強烈要求。而這正是人所以為人，是人優於其他生物；是文明人優於野蠻人，富裕的現代人勝過落後貧窮社會人的地方。是財富的正當用途，和真正價值所在。世人貪戀物質財富，根本是人類原始的物性和野性，和久處貧窮社會，怕挨餓怕被人看不起的低級本能的反射。人的這種物性本能，如果不把它適度克制，引向正路，不但會破壞個人和別人的和諧關係，更會斲傷他精神活動和智慧生命的成長。一個社會染上這種病症，陷入「錢潮」之中，是很不幸的事情，是可怕的災禍來到的前兆。因為，拜金和拜物的社會，跟世人權力崇拜，縱容邪惡的心理是分不開的。一旦這種惡劣形勢刑得不可阻擋了，個人再去求財享樂，不但是絕無可能。這時候再去談人性尊嚴，和永恒幸福的夢想，更真的是「神話」也是「鬼話」了。

金錢也有精神面的意義和價值

我們說：人不該排斥金錢的獲得，反而要以鄭重其事的態度對待它，以現代人的知識和觀點去了解它，這話是真誠的。因為，金錢跟其他形式的物質財富，本身並非罪惡，而且，是人類進入文明社會的創造。金錢的形式隨著時代進步不斷改變，它由粗糙化到精緻、由簡單化到多樣化，給人類文明社會的維繫運作帶來不少方便。越文明進步的社會，越懂得如何賺取和善用金錢。相反的，過份的輕財或一個人人手中無錢的社會，也必然是一個貧窮落後的社會。這樣的社會所貧乏的，不僅是物質財富，也必然是思想和知識活動呆滯，文化貧血，活力枯萎。就這一方面看，金錢也有它精神面的意義。

我們說世人該以現代人的知識和觀點去了解金錢，是說金錢的取用，在今天已經成為一門大學問，一項複雜專深的制度。關於它，有觀念性的理論架構，有世界性的運作網路，有尖端科技供它操作使用。真正了解金錢的人，會比較容易的取得它、使用它、保有它又不至於浪費。國內大多數創業有成，擁有巨大財富的人，反而沒有前文所說美、日兩國跟國內社會流行的奢靡行為，生活得蠻有氣質。反而是初度由貧窮成為小富的人，會因為自持手頭多金而得意昏迷，做些無聊的蠢事，來點綴花花世界，作為供人談話的材料。世人對於這種情形，如果只看表面，會說是「錢」害了人。真正的情形卻是，這些人誤信了金錢，誤用了金錢。人所以會這樣，用佛教的話說，是因為人性的「貪、嗔、癡」；用基督徒的話講，是由於世人的「軟弱」和「小信」。人性有這些缺憾，宗教中人從神對生命的看法說話，另有解釋。我們一般人現在從有限度的知識觀點發言，會認為是生而為人的肉體結構，給人的知識所加的限制或考驗。肉體生命的存在跟能力所及，只能佔有限的時間和空間。人也因此在心理和行為上有一種傾向，就是看得「近」。只追求可以感覺得到的也是「有限」的東西，藉著這樣來滿足自己，肯定自己。比如，一個男人，把賺很多錢，和討個漂亮賢慧的女孩做人生伴侶，把這個當做人生的意義和幸福。可是，人常常忘了，人的高貴，不只在於他有複雜奇妙的肉體結構，更在於他有超乎肉體結構之上的生命嚮往和精神的潛力。可以說，人的肉體結構所以比其他動植物組織結構複雜奇妙，為的就是要讓人有自發的潛力跟可能，超越肉體的自我，奮力追求更強而博大高遠、更善美，可以永久存在的生命。人不該只忙於藉著身外的物質財富；來消耗自己。想想人的生成比其他動植物艱難多少倍？人豈能甘於在本能的物性中自我迷醉，就像動物以在泥淖中打滾為樂，不求生命境界的超升呢！

誰會喜歡沒有太陽的人生？

人怎麼樣在追求幸福人生的過程中「更上層樓」？對這問題，信神，把一切交託給祂，是基督徒所走的路。自力造化，戰勝物性的自我，出世歸真成佛，是佛家人所走的路，就普通人來說，另外一條可以走：其一是由正當的道路創業求財，利人利己；其二是追求知識，創造發明，以新的究竟的知識和技能，照亮社會，放大人生自我升騰創造的能力，使世人免於再受動物性本能的綑綁；其三是在自己衣食豐足，擁有知識之後，做一個造福人群的政治家、慈善家，或保國衛民的戰士，救自己也救別人。這三條路，都引導人通向胡適之所說的「社會的不朽」。都可以擴大個人生活的領域，可以提升個人人生的境界。由於它使人的目光向遠大的世界放射，再不再是心目中只有自己。所以，錢潮或物慾，再也淹沒不了他。

別以為這裡的說法太高蹈、太不實際。曾有人對英國以前的名作家卡萊爾說，哲學沒什麼實際用處。卡氏抬頭看天，笑笑說：「太陽對於點煙，一點用處也沒有。但，你不能說這是太陽的缺點，不要太陽呵！」

真的，誰都不喜歡沒有太陽的世界。但，如果你用金錢把人生當中其他好的東西都賣掉，就會吃驚的發現：你幸福人生的太陽，忽然從此不見。

十七、投入真誠

從美國一位湯姆森教授的故事說起

有一位在美國舊金山某學院教哲學的湯姆森教授，因為厭倦了自己長年對年輕人談玄說理的教學工作，轉業去做私家偵探。前不久，《美國新聞與世界報導》雜誌披露了他的故事。我讀了以後發現，湯姆森故事中所透露的，人生在世總不能不有所追求，而且，是追求一些比較實際的東西。這其中的道理，文章中很有新而又生動的經驗呈現。這經驗又正是目前國內的某些青少年朋友該多求了解，作為自己參考之用的。

湯姆森教授說，他所以放下哲學教授崇高的身段不用，改行去當私家偵探，是因為他越來越覺得哲學的思考辯論，並不是不好或不必要，而是依個人如果老是沉溺在那樣空泛幽渺的天地裡，抓不到一點實際的東西，人就會覺得不堪。他的意思大概是：生而為人，所思所為，不能沒有一些根本性的原理原則要把握。但，也不能只停留在只講理性，全無感性的原理原則上。人生是什麼？該怎麼樣？並不是你怎麼想法，或你認為如何的事。他還該包括你實際上做了什麼？完成了什麼？世間除你以外還有其他的人，除哲學以外還有其他的事。她們又都正在做什麼？做的如何？這些跟你有沒有什麼關係？尤其是有沒有哲學上的意義呢？

簡單的說，湯姆森的轉變，使他由抽象的觀念世界，走進具象的有男有女、有熱有冷、有苦也有甜的、變化多端的有情世界。他原先當哲學教授時所有的，崇高但卻懸空的無奈感覺沒有了。

湯姆森的故事，讓我印象深刻的一點，是他因為要做好私家偵探份內的工作，對於平常認為十分熟悉，實際上世習而不察，並不真正知道的事物，都非常專心，點點滴滴的注意起來。比方舊金山市，由那條街到另外一條街，究竟有多麼遠？建築物有什麼特徵？那些容易發生事件的處所？那些可以利用的公共設施？那裡有一家店鋪？老闆的為人如何？那裡有公園？那裡有旅店？那裡有市場？那裡有怪異或堪憐的人物？總之，他把舊金山像心愛的古董般的把玩、欣賞、研究。他不但絕的趣味橫生，還從中發現了許多讓自己感覺新鮮有味，後來也實際對他有過大用的東西。舊金山的事事物物，也因此都對他有新的意義。對於舊金山市而言，他也覺得充滿喜愛，自己也重要起來了。

湯姆森做私家偵探，身上從來是不帶槍的。大概由於原本是知識份子，丟不下價值觀念的包袱。所以，他接辦案件也是有所為，有所不為。例如：蓄意設計害人的事他不做，只做實況的搜證工作。私家偵探的酬勞，有時是按小時計算的，他的工作做起來，並沒有電影、電視中表現的那樣驚險處處。反而是非常平凡瑣碎，無寧是不須要太大的勇氣，卻得有足夠的細心和耐心、有追根究底的企圖心。同時，還得在心理上常常有迎接突發情況的準備。三更半夜電話一來，就能立刻穿衣出門，行動起來。在這種情形之下，人不光是行動敏捷確實就行，還有賴他在行動中同步進行的思考和判斷。因為，有正確的思考和判斷，才能使行動有預期的結果，才能使湯姆森有教授哲學所沒有的那種落實下來的成就感。就這方面的情形說，湯姆森棄哲學而就偵探工作，可以說是「求仁得仁」，如願以償了。

社會上讓人不以為然的事

本文從美國湯姆森教授轉業私家偵探的故事說起，不是想用他的怪異情節讓你注意，也不是勸大家丟下自己正在做的事，去作新的嘗試。而是從湯姆森的故事裡，發現一種總是被世人遺忘，其實是絕對重要、一直為你所有的成功幸福的人生條件，你卻沒有好好使用。還總是在遇見任何不如意的事情時怨天尤人，顯得你的人生很不快樂，你沒受到世人好好的對待。這些一直為你所有的條件之一，就是真誠。就是選對了要走的路，然後，以忘我的精神，全心力的投入。

從文章看起來，湯姆森的私家偵探工作，似乎做得興致昂揚，收穫也不錯。他所以能夠這樣，原因之一，也就是他作為一個高級知識份子，在治學論事中養成的專業精神。他以專注的真誠去歷練自己，要做一個成功的私家偵探。他學得很快，就是說他能夠很快進入狀況。所以，大體上說他是做成功了。他如果像其他的人，尤其是比較年輕的人一樣，羨慕別人的成功，卻渾身沾染著敗事害人的習性，如懶散、貪圖享樂、沒有責任心，和較高層次的精神嚮往，凡事只想因利乘便、不勞而獲等等，就不會下那麼大功夫去了解舊金山，就不會在生意上門時，還作其他的考慮和抉擇。湯姆森當私家偵探，可以說行動「下水」，精神卻沒有沉淪，主要就在於他表現了一個知識份子的真誠。他「下水」了，卻還並不是一個虛浮「擺蕩」的人。

拿湯姆森教授改行後的表現，跟目前社會上風行在較低層社會的人的思想和行為狀況相比，人會越容易發現我們以上的說法沒錯。特別是國內的情形，比所謂先進國家社會的一般情形還更不如。國內情形最讓人不以為然，甚至於憂心的地方，至少有以下幾點：

其一，有空想，沒理想；重感性，輕理性；只有慾望、只有追求。因為，逃避價值斷，就讓自己成為沒有方向感的蒼蠅，盲目的飛來飛去。所到之處，也只是在目標物的表面停留一下，吮一口汁液就走。這種情形的另外一種特癥，是凡事只要實際，只要當下見效，眼見為真。所以，心理上排斥任何理性的邏輯思考。對任何事理跟人的觀念世界的事，不肯作稍稍精深或博大或較遠的探索，更別說道德嚮往跟人生審美生活的經營了。

必須指出來的一點是：只重實際的人生，並不必然會使人養出凡事務本求實，注重長效的行動實力。反而會因為這樣的人，凡事只問當下的感受如何，只揀容易消受的東西消受，所以，他的追求會走向很不實際的方向。比仿看電視，屬於實況介紹，或反映實際生活的節目，他不愛看。卻偏愛虛構的，甚至於頗不正經的科幻卡通，或警匪槍戰節目；或「胡鬧台」式的綜藝演出。對於他住處周圍的人和事物，他看了就煩、沒興趣欣賞；卻關心遠方的異聞怪事、欣賞照片或影片裡的人生。因為，有了這樣的心態，所以，頗多人的生活，彷彿是實際的，實際卻是懸空的；看來是感性的，其實是幻覺的。這種人生虛幻不實、飄移不定、又忙於到處捕捉快樂，捕捉滿足的流行病。跟湯姆森教授去當私家偵探的行事，並不一樣，而且，有實質性的差異。

其二，是唯「我」的觀念膨脹，凡事只追求「所得」，討厭付出。又因為過分突出自我利益，利益又只重在物質或實際所得層面，就覺得自己和他人是對立的。而環境是供自己去征服的。因此，就有了對抗和奪取心態，不肯創造和奉獻。有了上述心態以後，人就會變得卑瑣而又驕慢，多慾而缺少關懷。人的心靈世界顯得很小，冷漠而容易使人厭倦。有這樣心態的人，更因為被正常人鄙視摒棄，自感孤獨，仇視一切，拒絕一切，終至於全世界都成了讓他不愉快的理由，極端的人，就成了世間的絕物。

以上兩種情形，發生在一個人的身上是互動相生的。世間有些人之所以會成為這樣，根本原因，就是失去了做人的真誠，不了解生而為人，他的優越之處，就是擁有超乎肉體以上的生命。而生命的本義，是不斷向上提升，向內充實淨化，向各種事物投入的。換言之，人有一種賦性，是越向外付出，內在不但不缺少，反而更充實。人越向形面上的絕對世界追求，他的人生會越壯大豐滿，而不是萎縮變小。越肯定自足，而不是惶恐匱乏。珍視生命的人，他的思想行為最顯著的特色，就是態度真誠，勇於捨棄跟付出，敢於擁抱和投入。我們從這樣的觀點和認識出發，才能真正了解湯姆森教授故事的意義，得到有益的啟發，而不是只把他看做一個逃避現實的「知識無用論」者，不會因為他的故事並不夠血腥粉紅，感到失望。人而肯掬出自己的真誠以後，他會發現，這世界、這人生，忽然間比過去可愛多了。自己也頓時增添了智慧和能力。總之，一切都是那麼好，全然地改觀了。

他也有可以批評的地方

如果，從比較正規的、較高層面的意義看湯姆森故事，人會覺得他也有可以批評之處。他的問題是，哲學並不是如他所認為的沒用。現在西方哲學的探索方向，也許是錯了。他身為哲學教授，該去尋找新的方向，摸索正確的答案，不該放下它就走，去做別的跟自己原本所求不相干的事物。人生而向高層的生命意義探索，決不是無謂的，絕對是重要的、必要的。反之，人因為要在現實的生活層面撈點東西，就把精神理性世界放棄了，並不是聰明之舉。

湯姆森的故事，它真正的意義也許是，他個人的性向，加上近代以來世人濫用自由，誤導知識和財富的用途，所綜合造成的結果。湯姆森的行為，在某些方面有反智傾向，但美國人可以說：「那是他自己的事。」因為，美國的哲學教育，不會因為他的離開而受什麼影響。舊金山的私家偵探這個行當，也不會因為他的加入而格外如何如何。只能說，他找到了一個適合自己、讓他得以滿足某種潛在意識的事情做，而且，他也並沒有敗壞墮落，這已經不錯了。

十八、自由的臉

我不是說，你不了解自由是什麼，是希望你透過本文所陳述的幾則故事，所顯現的自由的臉譜，會使你對於自由是什麼，有更新的體認，更清楚的把握。相信這是你樂於去做的事。

美國學校對付壞學生有新招

最近消息：西維吉尼亞州議會，為了防止高中學生中途輟學，去年通過了一項強制性辦法。就是明確規定，在十八歲以前中途輟學的青年，不僅不發給畢業證書，同時還要吊銷他的車輛駕駛執照。吊銷駕照的實際要求，相當嚴格。具體的規定是：十六到十八歲的中學生，連續無故曠課十天，或者在一學期內累計曠課滿十五天的學生，都將吊銷駕照。這樣的法令，由州警察機關和汽車監理處強制執行，西維吉尼亞州實行了這項辦法以後，據說輟學的人數由去年的五千人，減少到目前的三千四百人，這項紀錄引起了美國人廣泛注意，因而有其他十二個州也參照實行。

美國人為什麼對於學生逃學如此大張旗鼓的幹呢？有心的人士就提出了另外一項數字，說明青少年無故輟學的不良後果，對於社會跟個人都相當嚴重。因為調查結果顯示，企業界越來越難以在高中學生當中，招募到有一技之長的勞工。另外，據統計，有三分之二以上的囚犯，和半數以上靠領救濟金度日的貧戶，都是曾經中途輟學的人。波士頓最近調查，學生的輟學率，已經提升到百分之四十的新高峰。情形何以如此？在南卡羅來納州，有四分之一三年級以下的學生留級，而留級又是造成中途輟學的主要原因。根據統計，有一次留級紀錄的學生，百分之四十五會輟學不讀，留級兩次的青少年，輟學人數達百分之九十。這種情形，在小學階段已是如此，高中階段的逃學風，其實是從小學時期就開始，理所當然的延伸下來的。

實在說，青少年的問題，如果僅是逃學，該不致於弄得教育機關大吃一驚，真正的問題是出在上述的一項數字，就是專家發現，有三分之二的犯罪者，半數以上領救濟金的貧民，都是曾經中途輟學的人，這裡舉兩個實例，說明情況的嚴重，已經足夠令人怵目驚心。

紐約中央公園的暴行與撒旦崇拜

某年四月的一個晚上，在美國有一位出身於衛斯理大學和耶魯大學的女士，在紐約中央公園慢跑。突然，有幾個無聊的「想找些事情做做」的青少年，釘住了她，他們一齊圍攏上來，用石塊鐵管把她打暈過去，然後輪流著強暴他，一走了之。兩小時候，這位有士才在暈迷中被人發現，這件事才成為大新聞。參與暴行的六個青少年後來被捕了，調查發現，他們的父母都有正當職業，家庭穩定正常。警察描述這些犯罪青少年，在被捕後談到自己所做的事，不但毫無慚愧懊惱的表示，而且還自鳴得意，很有成就感的模樣。問他們為什麼要這樣做？回答是輕鬆的四個字：「逃避厭煩」。

同樣是四月傳來的消息：說美國新澤西州有個十四歲的男孩湯米蘇利文，他也是因為「逃避厭煩」，不肯到父母安排的天主教學校讀書，就逐漸變得陰森古怪，不合群，終於接受撒旦教存在，就是要和上帝作對為敵。要利用源於人性中的獸性（其實是物質性）的罪惡傾向，奪取權力，達到自利復仇的目的。撒旦信徒行為的極致，是殺人然後自殺，認為這是對撒旦最高的禮讚，同時，一個人做了這些事，才有希望轉世投胎，成為更有權勢的人。

湯米蘇利文接受了這樣的信仰以後，就變得心理和行為異常。他曾在日記本上寫了這樣的話：「去死吧！爸、媽、哥哥，撒旦才是我的真主」。學校的老師同學提醒蘇利文的父母注意兒子的變化。他們不信，沒加提防。沒料到蘇利文竟真的在一天夜裡，在母親身上砍刺了十幾刀，不僅殺死了她，還割下了她的鼻子。事後，蘇利文照撒旦信徒的要求，切喉自盡。自盡之前寫好了一封致地獄之王的信，信中寫了一句話：「我已經殺死了我的母親」。

同樣的事情，在密蘇里州也有發生。有十幾歲的學生，用手槍打死了父親，另一個用木棒打死母親。被捕以後還輕鬆的說：「他們和她打了一場棒球」。據說，英國也有類似的情況出現，是被警方在調查兒童性虐待的時候發現的。專家們認為，青少年走向撒旦崇拜，是因為推崇暴力和破壞，「很能吸引年輕人的好奇與反抗心理。」是誰對青少年推崇暴力和破壞？世人都知道，它是指大家天天面對的報紙、雜誌、電影、電視，這些借尖端科技成果相繼出現的傳播媒體。

自由為什麼在不同人的身上，顯現不同的臉譜

以上的事實，使我們看到享有充份自由的美國青少年，竟然有相當大比例的人，他們不是像別人那樣，利用那裡自由富裕的環境，好生生的讀書、就業、發展自我、服務社會。而是一則對自由的真義和邊際不求甚解；二則又因為誤解自由的原故而濫用它，養成了任性和貪婪、幻想卻不能務實的習性。這些人基本上是凡事精神不集中，不能全心投入，中途又經不起挫折，終至於變得鹵莽滅裂，走上逃學、逃家、失學、失業的道路。這當中，有的人因為鬱悶怨怒而恣意破壞、殺人、強暴婦女；有的人因為不堪貧困而盜竊、搶劫、或其他犯法的事。這些人揮霍自由，

因而失去了自由，做人也沒有了快樂和尊嚴。這種情形對於正在大步走向自由民主社會的中國人來說，是有著尖銳的啟示性意義的。

我們當然不是說，是自由把那些青少年害慘了。因為在美國，他們所營造的自由富裕的大環境，使得更多一代又一代的青少年人，身心才智都得到長足發展的機會。他們或者讀書有成，或者創業立功，或服務社會、受人景仰，或在學術跟科技上有卓然成就，成為站在世界前端或巔峰的人物。也因此，全球大多數國家的人，都爭相利用美國的環境，來造就自己的青年。照他們的樣式，營造自己的社會。情形所以會這樣，最主要的理由，是美國社會有比別處更多的自由，更合理而有發展性的制度（美國社會的其他優點，都是在自由與制度的基礎上衍生出來的）。我們在這裡想提醒世人注意的是，自由為什麼會在不同人的身上，顯現不同的臉譜？為什麼在有些人的身上，是逃家逃學的孩子，是慘綠少年，是暴徒、窮鬼、殺人犯，或生活在社會陰暗面的一群？要飽嘗苦悶、徬徨、憤怒、焦慮不安、看人白眼、遭人嫌棄的苦辱滋味。為什麼在另一些人的身上，自由的臉卻是勤奮明智的年輕人？在學校是好學生，在社會是優異的好角色。他們不只對個人有自信，也是社會國家大廈的支柱和希望。他們自愛愛人，大體上活得有生而為人的那份自得、榮耀和莊嚴。自由和人生，它的過程跟結束，為什麼會有如此其大的差別呢？

穆勒教授的故事，是自由的另一種面孔

美國羅徹斯特大學政治學教授穆勒（J. Mueller），不僅在計量方法的破究，有專精的成就，在戰爭的研究方面，也有專書出版，很受世人注意。現年五十一歲的穆勒教授，曾把他戰爭研究的結果，寫成一本書《自世界末日退卻》（Retreat From Doomsday），認為人類歷史發展到今天，大國已經不再把戰爭當做推行政策的手段。說戰爭一如古代人的決鬥，已經過時了。今天的列強，已經「脫離戰爭系統」，因為它太「可憎、邪惡、野蠻」了。

在比較落後的社會，或者思想和識見仍舊停留在狹隘落後的，類如所謂「第三世界」的情況的知識分子，他們享有自由的態度，大多是採取汎政治觀點，把自由理解成為極端的「反對主義」，那意思似乎說：「我反對，故我存在，我有自由。」又因為自由的制度，容許對國家社會的事務，提出不同意見。他們就恣意的把法律、道德、公共利益，乃至於服行公職人員的公務機密和人格尊嚴，不當一回事。任性的破壞、詆譭，甚至於以公然無理的態度，散播公然的惡意。把社會的氣氛，弄得怪異而似乎危機四伏，令人不安。社會的進步發展，因此被阻礙、被擾亂，青少年也因此被誤導，認為做人不妨像他們那樣，或自由就應該是那樣。

可是穆勒教授的想法和做法卻不是這樣。他雖然是政治學教授，卻不用汎政治觀點看世界和人生。他享用自由的態度，不是憑它來反對這個那個。而是在依個人的興趣，在知識和某種問題的探討上，求突破、求擴大自己人生的領域。

比如他看美國舞王佛雷亞斯坦的影片，引起動機，就如痴如狂的研究佛氏每部影片裡的每一支舞蹈，加以分析比較，找出它的內涵精華所在，他把研究所得寫成一本書《亞斯坦的舞藝》，因此得到這方面的著作獎。他最近又正在從事一項研究，就是想把一部反戰影片《奇愛博士》（Dr. Strangelove），改編成百老匯的歌舞劇。他以前曾經改編過兩部歌舞劇。不過都是配用他人現成的歌曲作品。這回他遇到了難題，就是找不到適當的歌曲，又遺憾自己不會作曲。不過希望他的問題最後終於能夠克服，穆勒在本科學術以外的舞蹈研究，因為他是學者，所以能把舞蹈的詮釋，提升到較高的層次。又因為他原本非專業舞蹈家，反而能夠以全新觀點觀舞，找出新的涵義，講出專業舞者講不出來的話，這也許正是他的研究格以外受人注意的地方。自由的臉譜在他身上，是那麼豐富、高潔、滿有生氣。

他們經驗，我們不能忘記

本文所用「自由的臉」做標題，除了因為筆者對上述種種感念很深以外，同時也是有鑒於大陸和台灣最近發生的某些情況，恰恰顯示出自由的另一些面目，足以發人猛醒。心有感觸，不忍不說。

大陸的情況，是指北平學生五、六月份所發起的大規模民主運動，可以說是四十年來最堪令世人注目驚心的自由運動。北平學生所發起的民主運動，不只正確的、代表性的傳達了全大陸中國人的希望。他們在運動中所表現的爭取民主自由的膽識、信心、組織化的行動表現，以及持久不衰的，甚至於不惜犧牲的決心跟毅力，真可以動天地、泣鬼神。很有些人以為大陸學生，因為環境所限，一切怕是比較落後。事實卻是，在物質生活顯然艱苦中長大的他們，在爭取自由的表現上，卻遠遠超過了自由環境中的青年。另一方面，我不免想到台灣社會青少年犯罪的增多。這兩年，不少人因為已經享有了更多自由而恣意忘形，醜態百出，導致了一部份邪說泛濫、惡人囂張，假民主自由之名亂人耳目，以至於安善良民，心中惴惴不安。人因此不免會問：為什麼有些人寧願以生命換取自由！形象是那麼莊嚴，令人欽敬。另有些人享有了自由，卻浪擲自由，把我們的社會人生弄得好醜？

朋友，我們當然知道，自由無罪，自由臉譜的美醜善惡是人給畫成那樣的。聖人說：「人能弘道，非道弘人。」這句話用來說明世人對待自由應該抱持的態度，也是一樣。本文想請世人當心的是，自由在你身上所呈現的臉譜，是什麼模樣？你在享有了自由以後，為自己經營怎樣的人生。我有時想，自由真好，它給你很多可能的機會。它也真無情，因為你要知道一個人的強弱美醜，最好的測驗方法，是給他自由，看他顯現什麼樣的面目。

也許你以為，論自由像是在談政治了，多煞風景！其實也不盡然。想想美國社會，整體的看很好；個別的看，有些如本文所述的那些人，卻是很醜很慘。他自己錯了，這能怪誰？四十年前大陸上很多知識份子誤信了共黨的宣傳，結果換來四十年慘淡的人生，這經驗教訓，我們不能忘記。自由像金錢，要拚力去賺取它，卻要有節制的使用它，浪擲揮霍會招來不幸。看看美國墮落的青少年，看看穆勒教授的那種人生態度，再看今年五、六月天安門前的大陸青年的表現。我們內心對自由的感念，真的是有多種滋味在心頭！

十九、我拒絕那樣的人生

從拒絕現代文明的法國人想起

七十七年四月，漫畫作家陳朝寶由法國巴黎撰文在國內某報發表，題目是〈拒絕文明的巴黎小子〉。陳朝寶這篇文章，著重在說明事實，對於造成這種事實的社會跟文化背景，挖掘不深。不過，即使這樣，也仍然引發我對於生而為現代社會的文明人，比較妥當的人生態度和理念是什麼?作過相當深沉跟複雜的思考。我覺得，陳朝寶這篇文章是寫對了，因為，現代文明不可分割，我們人類所住在的「地球村」也越來越小。我們不能也不應該對陳文所說的，發生在法國巴黎的這類事體無動於衷。我們得認真的想一想，它對於我們的意義是什麼。

〈拒絕文明的巴黎小子〉告訴我們故事的要點，是說他的一位法國朋友的弟弟，因為厭棄現代文明帶來的禍患，寧願離開巴黎，住到北部濱海，靠近諾曼第區的鄉間去。如客人去看他，他怒指著遠處正在推土修築道路的工人，就大罵說：「他媽的，什麼鬼文明!都快把這個世界糟蹋完了。」看客人對他的話沒有反應。他又埋怨著說：開了路以後，就要跟著蓋房舍，有社區、有工廠，然後，是噪音、廢水，各種污染都會發生，原有的田野風光，就保不住了等等一連串的憂慮，這還不夠可恨麼？

文中說：像這樣拒絕現代文明的法國人，有更多的人並沒往鄉間躲，而仍然留在巴黎。這些人所拒絕的，與其說是現代文明，不如說是逃避現代文明所帶來的工作、責任、規格化的制度、紀律，跟被他們認為累人的生存競爭，以及令人心煩生厭的生活方式。他們行為的模式是：拒絕工作，也不理會社會上共同的生活規範，甚至連做文明人的尊嚴都像香煙屁股樣丟棄不要了。而每天浪蕩街頭、酒肆，在街邊、在地下鐵、在樓梯間、在大廈屋簷下，無所事事，伸手向行人要錢。累了、醉了、夜深了，有些人就隨處坐臥，形同被棄的垃圾。聽說有人因為長期的拒絕工作，失去了請領失業津貼的權利。這樣的人，可想而知，會顯得蓬首垢面、衣衫不整、眼神慘淡、臉面浮腫，活得根本不快樂。他們卻還是堅持逃避下去。

陳朝寶說：「據統計，法國今天有一百萬以上的失業人口，喪失了領失業津貼的條件……除了這些人以外，還有四十萬個人居無定所，四處流浪。這些被社會開除的人，百分之十五受過高等教育，有些曾做過高級職員。他們在慈善組織門前排隊久等，為的是吃一餐熱食或求得一夜棲息。他們一無所有，有的是時間。他們雖然不是身處第三世界，面臨的卻是第四世界的悲慘。」

我特別注意文章提到的一個叫丹妮爾的女人，「她有經濟學學位，曾在南美洲當過很長一段時間數學老師，也在牛津圖書館做過檔案管理員。」如今卻已經失業四年，「失去了一切『社會上』的權利。」「每天龜縮在地鐵買醉。」事實上，她卻仍是一個頭腦清楚，說起話來條理分明的女性知識分子。她為什麼落得今天這樣呢？她說：「我老了，已經四十九歲。這是個年輕人的世界，我已經沒法和年輕人競爭。」她因此失去了生活中最重要的力量——信心，很可能她同時也失去了真誠的自我檢討，認識自己何以會有今天境況的能力，固執的把一切責任向外推，認為「萬方有罪」，罪在「現代文明」或這種文明造成的「現代社會」。她自己全沒錯，她只是個「被害人」而已。

他們為什麼要那樣？

讀了上述的文章以後，我首先這樣想：就現代文明發展的階層來看，西歐的法國，在民主自由的社會制度、在工商科技、文化建設的提升，無論是觀念和作為，也無論是做法和成就，都比較是走在我們前面的。有些人甚至可以說，法國人的「今天」，就是我們所追求、所心嚮往之「明天」。然則，我們所指的法國人的「今天」，就是我們追求的「明天」，是否也包括「拒絕現代文明的巴黎小子」在內呢？如果答案為「是」，我就要說：「我們拒絕那樣明天的人生。」我同時想：如果，中國人不在料理人生世事的理念上，拾回自己已有的智慧和信心，仍舊因循怠惰的跟著西方文化的影子走，我們還是會被別人遠遠的扔在後面，含淚咀嚼腐朽無味的「拒絕現代文明」的荒謬人生。

對於這個問題，我們認為，世人該注意的焦點，不是現代文明該不該拒絕，而是看西方人怎麼樣對待現代社會中的人生，和人生中的問題。人生在世，當然會對世間的事物跟價值標準，有所取捨、有所愛憎。問題在於有些人為什麼只選擇「憎」與「捨」，又偏是為了自己的「愛」和「取」才會這樣？是什麼原因使他們這樣，還居然對自己成為社會的寄生蟲也大聲的言之成理，說：「是社會使我們這樣的。」生而為人，究竟是所為何來？它的意義又在那裡呢？

為什麼在締造「現代文明」方而走在我們前面的西方人，反而有那麼多人迷失，反而對「現代文明」表示拒絕？這問題，西方學者已經探索了幾十年，到現在還沒有「眾議簽同」的結論。西方有些人試圖在東方文化裡找出路，這使我們想到，中國人老祖先累積了數千年、行之有效的料理人生世事的某些原則，恰是治療西方人「現代文明」病的良藥。比如古聖人教人「已立立人，已達達人」，就是說，把自己跟自己的知能，獻給社會，或至少傳給兒孫，才能肯定，和擴大彰顯人生的意義。人生的意義，「自我」只是起點，不是終極或目的。也因為這樣，人生該計較的，是自己能付出多少，或被他人接受了多少，而不是自己「爭取」到多少「權利」，自己的「所得」是多少。中國古聖人又教人：「人而無信，不知其可也。」所以「信心」最重要，不主張突出懷疑。從這種態度出發，中國人是用知識提供答案，建立信心的。而不只是提出問題，突出自以為是的觀點，和他人對抗，或者憑著這個把異己者丟棄的。中國人把以上兩種認知歸結成兩句話是：「尊德性，道學問。」要人順這條路，去經營自己「美、大、聖、神」的人生。西方人不是不講信，而且，也講愛。不過，比較起來，他們的信和愛，是向上看的，是個人和神相通相屬的關係。當他們平面的看世界，特別是到了歐洲中世紀以後，他們越來突出懷疑觀點，且由懷疑加上個人主義、自由思想，發展成拒絕現存一切價值和規章的反叛精神。又因為他們把懷疑和反叛精神用「濫」了，就助長了具有某種性格的知識分子行為傾向。使得他們只見自我，只會拒絕，只要反叛。這才使得有些人成了「拒絕現代文明」的人；有些人成了要愛情、要自由、卻不要責任、不要子女、不要任何的約束，同住在一間房子、睡在一張床上的男女。這樣的人生多唯我、多愜意啊！然而，請問：以上這兩種人所追求的人生，不是生命意義的滅絕，又是什麼？

這不是傻話是什麼

國內有人撰文，標題是：〈女人，也為自己活吧！〉文章一開始從女人犯罪問題破題，說「不論犯了什麼法，做了什麼壞事，幾乎盡是為了她們的那個『家』。」又引述幾位教授和名人的話說：「女人的家庭包袱太重了，以致生生死死、恩恩怨怨皆源於此。」說：「因為太多女人的生活圈子太狹隘，相對於男人，又用情太專，佔有慾太強。」說：「她們傻在對愛的觀念太偏狹……如果體會到愛情只是階段而非永遠；彼此相處，尋求的也只是真誠相對的愛，而非絕對的愛。」說問題出在女性對幸福定義的錯誤，「大多女人信奉伺侍丈夫孩子，幸福甜蜜的圖像，誤以為所求盡在家庭。其實女人和男人一樣，幸福也可以建在其他基礎上的。」然後歸結到成熟的人格發展，須經由「依賴階段」、「獨立階段」，再到「相互依賴階段」等等。所講的都很切乎現實，「成熟的人格」也確實是幸福人生的關鍵性條件。擴大女人的生活圈子，弄對夫妻之愛的「幸福定義」，這些都是可以依循的料理人生正常的原則。只是我擔心，過份的強調「為自己活」，過份的「自我中心」，又以消極性觀點，把家庭看成「包袱」，又似乎不鼓勵「用情太專」。像這樣子走下去，再加上女人也難免會有的某些人性的弱點：如容易情緒化的扭曲了眼前的事實；如容易過份放大自我維護觀念，不肯或不敢對他人付出；如自己多變卻希望別人不變等等。女人要是如此樣為自己而活，我恐怕滿有真愛和真實幸福的人生，不是越來越近，而多半是悄悄地走開，越離越遠。你如果只為自己而活，所可能得到的結果將會是，你的世界只剩下你自己。

把幸福的人生看成是只有甜沒有苦，只有得沒有失。這觀點是不是不妥當，也太不成熟呢？把自己在人生經歷中所受的種種委屈，卻看做是為「別人」而犯罪受苦，這看法是不是太過於把問題簡單化，並非是事實的真相，對男性和你其他的親人，也不夠公平呢？何況，這個問題的要點是：人生，或生命和愛的真正的意義跟道理所在，不是人能稱心如意的得到他想得到的；而在於他肯於付出，在於他肯於向人類或社會生命的大舞臺展現自己，把自己投入進去。不在於她幸而沒有那個讓她犯罪的家，而在於她幸而有個讓她有付出也有所得的家庭的包袱。愛要真誠才珍貴，「用情太專」難道也錯了？女人偏就不喜歡過份淡遠的愛情呵！再說，難道世間竟只有甜不苦的情與愛麼？有些人歌頌人間的情愛，總是說越純越好。實際一個不深通人生世故的人，我懷疑他真知道什麼是愛與情。當今世間，嘴邊或文章裡談情說愛最多的是年輕人。但，如果你承認愛情不僅是人生的「兒語」，正如鑽石比泥沙更適於代表真美的愛情，相信你也會承認，年輕的心，比較最不適於給「愛是什麼」這個命題作註釋。

我其次想說的關於女人與愛與人生的話：是到今天二十一世紀來臨的年月了，還口口聲聲要女人「為自己活」，把西方有識之士已經覺得乏味的老調，在此地當新腔來唱，不是誤會就是盲目。我們的知識分子老跟著別人趕風學樣，到幾時才了呢？我想說的另外一句話是：女人愛別人，具體的說，女人為愛丈夫愛兒女愛父母愛朋友而活，跟為自己而活，是一樁事情的兩面，不是相衝突的。今日女人，因為享有了「自由」加「知識」又加上「裕餘的生活」，沒拿這三者來擴大提升自己人生的視野，反而用它來放大自己和自己的希求，放大到「我的世界只有我」，我只「為自己而活」。這不是傻話是什麼？今天的男人，又那裡只是為自己苦，為自己活？男人，即令他平庸無奇，只要他心智正常，他聲聲說為「我」，他口中的那個「我」，分明是包含他的妻子兒女在內呀！

也許有人說：女人所講的「自己」，實際上也不僅是指「她一個人」，也包含跟她關連的人和事。也因為這樣，我才強調的表示，我深怕我們這個時代的中國人，已經被走向偏鋒的西方文化害得夠慘。太多人跟著歐美人學樣，把自己的東西丟掉，卻去模仿他們靠感覺生活的樣式；學他們的個人主義、物質主義；學他們把政治範疇的民主自由，硬拿來在個人倫理生活跟感情生活中濫用；要「性」不要「愛」；要具體不要抽象！為了強調昆蟲式的物性的自我，反傳統也反社會；反秩序責任，也反一切形而上世界的東西。一切只看到自我，又只讓自我跟身外的事物做對。看看今天某些青少年的思想言行表現是什麼樣子？看某些知識份子言行做事的價值取向，是朝那裡走？目前有些人，已經活得足夠淺陋、孤絕得可怕了！我們有必要助長這種行徑，在荒誕的世風中火上加油麼？我們拒絕那樣的人生。我們要拿出真誠、放大眼光，和心意相通的人拉起手來，不怕行程苦，只要心志堅，一同走向未來人的光明大道。

二十、幾個平凡人的故事

關於「新人類」的話題

上月中旬，《聯合報》有一則消息說：一個正在國中讀書的女生，因為沒能從父母親手中得到所要的零用錢，就學著有些殘障人，在路邊行乞的做法，也穿上濫褸衣裳，躺在台北火車站前地下道邊，身邊放個紙箱，向路人討錢。這情形被一位警官看到，認為可疑，把她帶回局裡詢問，才知道其中原委，這位同學已經在外面遊蕩了六天，算她幸運，沒遇見歹徒欺侮她。她每天行乞所得，都在千元以上，她就用來買玩具和吃食、跟旅行袋，夜晚在僻靜的街角或屋簷下捲曲著睡。不知道警官通知她家人把她接回去時，她心中是什麼感觸。

這件事使我想到九月初，看到另外一則訊息：有人調查發現，目前的商家、學校老師和家長，對於在國中高中階段讀書的孩子，普遍有如下的憂慮：他們既懶、又愛錢，做事一催三不動，在學校難以管教；好辯、意見多、歪理多、不認錯、不服理等等。有人觀察這些民國五十七年到六十四年出生的孩子，一則享有比過去更自由富裕的生活，另一方面又感受到歷史上前所未有的快速的社會變動，新觀念新事物不斷地出現。說如此交互影響，才產生上一代人看不慣的「新人類」，另有人稱他們是「怪獸」，說他們象徵性的形象是，如卡通影片中《大力水手》那個巨人：頭腦小、眼睛小、嘴巴大、身軀碩壯、四肢發達，看起來孔武有力，其實感情與意志脆弱、脾氣暴燥、情緒陰晴不定。凡事任性逆理，只想享現成的福樂，得不到就埋怨、叫苦，說別人不了解他。像前面說過的國中女生，該就是這種「新人類」的樣品之一了。

上述這種情形，當然值得注意，好好的處理對待。本文所以把它提出來，卻並非是拿它當個問題，反而是要讓大家知道，這些都不是屬於年輕一代人生的結局或問題。如果，有人執意把它看成是自己，甚或是社會國家的問題，又把所以如此的責任的歸給客觀環境，歸給社會國家或別人身上，那就真的會成為他的大問題，會為他帶來很不愜意的遭際跟人生的結局。目前的自由社會，偏偏很流行這一套，頗多的人習慣於把一切我喜歡的事物跟權利歸給自己，把錯誤的責任推給社會國家，或者別人。如此漸漸養成怪異的人生態度：我總是對的、委曲的、受苦的、有權利追求幸福的人生。而我所生活著的環境，如家庭、社會、學校、機關跟公司，乃至於別的不了解我的人。因為不了解我，不讓人覺得喜歡，所以，都是不合理的、不對勁的、黑暗的、使我的人生充滿坎坷的。也因為這樣，我人生的展望是悲觀的，令人洩氣的。我不甘心這樣，為什麼環境卻使我這樣呢？

我們都知道環境和個人的人生，有著非常長期的、綿密的互動的關係。一個人從生到死，都必須投入，跟沒法擺脫，也不應該擺脫這種互相影響的關係。但這並非說，人的命運被環境的巨網限定了。人與環境之間的互動關係，人是一個主動作為的力量，是希望的因子，不是被風浪撥弄的浮萍，更不該把自己看成「被侮辱與被損害的」可憐蟲。事實上，世間的人，也並非人人都這樣看待自己。本文以下的敘述，希望能幫助你找回失去的做人的信心。

請看他們料理人生的樣式

這都是最近個把月裡，我在傳播媒體另外一些不顯眼的角落，看到的消息。本文只簡明的說明各人的事實，然後，再表示作者個人的感念，供世人參考。

十八歲的嘉義青年李清根，父親是鐵路局的臨時工，月薪不到一萬元，以此供養一家七口的生活。李清根的父親三年前迷於簽賭「大家樂」失敗，欠了很重的債，增加了生活的艱難。李清根有弟妹各一，他們幸運的受到「家扶中心」的幫助，分別有人願意認養扶助他們，解決了他們一部份問題。李清根從高二那年起，到家扶中心當清潔工和守夜員，以工讀方式做到今年高中畢業。現在他考上國立清華大學工業工程系，以後的學費跟生活問題，使他面對新的困難。好在他的消息傳開以後，新竹地方人士立刻表示他們願意提供李清根在清大讀書時候的食宿，乃至工作機會。這些機會超過了李清根個人的需要，嘉義家扶中心有可能把多餘的機會，讓其他需要的人分享。李清根自助人助，看來是不會沒路走的。

也是在嘉義市，相信一面亂丟垃圾、一面罵政府沒把環境維護做好的人，也不在少數。卻有個年紀不大的劉家豐先生，他不是這樣，他是憑著個人的興趣和專長，默默地幫助人做綠化環境的推廣工作。劉家豐是因為在金門服兵役時，接受胃部外科手術，一個自願去外島工作的台大護理系畢業的女孩，又自願輸血給他。事後他要謝她，她說：「不必說謝了，請以後用感謝的心去服務別人吧！」劉家豐心有所動，退伍後回到家鄉，眼看到環境的綠化維護，十分重要。他在政府中承辦的業務，正是綠化工作。從去年八一四水災過後，就發下決心，在公餘之暇，用自己的專長，幫助鄰里做環境綠化工作。他自己動手做，也帶動別人做。他提出了一個自稱為「綠化先鋒隊」的名號，意在聯合有共同心意的人，大家一起來做，效果會大一點。沒想到名號一打出去，立刻就有一位剛從高農畢業的青年李岩憲，跑來加入他的陣容。看來世間肯於捨己為人的傻瓜，還真是大有人在。劉家豐也因此得到鼓勵，會更熱心的做下去。

以前啃英文，讀到顧公政先生譯註的《現代英美小品精選》，其中第一篇文章，是蕭伯納寫的〈工作〉，文章說明，免除工作的義務，是違反自然的、是非法的，是問心有愧的。他在文末表示他理想的人生態度是：「把我們的工作，視作為我們賺來的如許的自在，而不是如許的錢財。」當時讀這幾句話，在欣賞讚嘆之餘，心裡總有點納罕說：「蕭伯納是不是把人生的調子提得太高了？」若干年後，沒想到就在自己長住的台北市，就看到一位把工作當做賺取自在，而不真正在意賺多少錢的普通人。

住在陽明山的農友何芳雄先生，在兄弟分產的時候，別人都選擇住在台北市的地產，搬到山下來住。他偏喜歡留在山上，過比較清靜的生活。他把原有的舊的房子翻修一下，還弄出花圃、草坪、菜園，養魚飼鴨還有白鵝的水塘，還有柏樹林，和一家貨運公司。靠著先人的厚賜和他的經營，他當然可以享有不虞匱乏，不必太辛苦工作，就可以安享富裕生活。可是，何芳雄先生不這麼想。他還是把自己看做農夫，每天忙於家事農務之外，還開計程車和社會作深層的接觸。他說：「不做事就不舒服。有客人做生意，不去賺錢也不舒服。」原來他為的就是讓自己得到蕭伯納所說的那個「自在」，也可以說他要「享受工作」。

一個月前，他把現在的裕隆車賣了，換成賓士三百，照樣當計程車用。他當然知道，花兩百多萬買賓士三百，去開計程車用是賺不回來的。但，這有什麼關係？他說：「我只是覺得辛苦了一輩子，現在買得起，為什麼不買？而且，我這也是帶一個頭，提高生活品質，讓自己和客人都舒服。」

何芳雄對於「錢」也另有看法，他不買股票和房地產，也不一個勁希望賺更多的錢。他說錢是拿來用的，錢不是最可貴的，人才可貴，工作才最有滋味。他每天把新車擦亮，還裝了「行動電話」，便利自己和客人。忙的時候，常常是通宵跑車，天亮才能回山上的家，在別人看，這是苦，在他卻是自在的福氣，有人說他的腦筋有問題，也有人說他買賓士三百其實是獨具慧眼，懂得人生。總之，他的故事，值得世人，尤其是年輕朋友們多想一想。

不要怨嘆，面對自信又有盼望有品味的人生！

我們先後提到幾位不同的人、不同的故事，主要的意思是提醒世人，別像當今天的傳播媒體的某些篇幅，某些人所顯現的，好像以為我們的人、我們的社會，都有缺點、都有問題、都有痛苦，都好像沒多大希望，都有一肚子不如意。人生哪能說沒有問題？人生下來就是要有所完成，有所追求，又註定了不會一帆風順，才會面對一些問題，去解決它。所以，在觀念和心態上，要知道有問題是常態，不是罪過。青少年時期，由於身心都快速的成長，急急的調適，加上情緒不穩，苦惱就偏多些。這些是人就會如此，不定認定是誰的錯，而且，這情形很快就會過去。就是在青少年時期，只要你心理上調適得當，像李清根一樣，問題也會減少很多，且容易超越過去。

佛家人士說：「人身難得」，是多少世代修來的正果之一，是生命提升，一個很重要的層次。基督教說人是上帝之子，跟神是同一樣式。這用意都是要人知道自我珍重，自我奮勉，勸人不要自暴自棄，向鬼魅道、禽獸道走回頭路。近百年來的世界，由於物化人生的論調和社會猖狂太久，把人類的心給搞亂了，弄得不少人習慣於在醜化社會，扭曲真理中顯本事，人生似乎是艱難險惡的事情。雖是如此，我們從前述三個人的故事，就知道，我們所處身的社會，和正在享有的人生，還多的有心人在，多的是有光亮、有溫暖的角落。這情形，大家都看得到，也都能做得到。只要你有心，也會成為同樣故事的主角，做一個有自信又有盼望的人，享有真實甜美的人生。

以上的舉例，我沒有選高知名度的人物講，是在強調它的可信度跟可行性。是讓人知道，做一個真正明理的，自信自得，有品味有盼望的幸福人，比做一個高知名度的黨政經人物更容易，而且，又可以大量產生。快樂自得的人生道路，實在是容易得又容易成功。青少年朋友們，快丟掉你的那些弄得你身心不爽的胡思亂想，回到光亮平實的生活中來吧。

二十一、追求「春滿」「月圓」的人生

你希望自己成為什麼樣的人？

我不知道，如果有人問你，你希望自己成為什麼樣的人？或者你喜歡看到、喜歡面對的人，該是什麼樣式？你會怎麼回答。我卻深信，在今天這個世界、這樣的中國，多有像他這樣的人，社會人生一定更加可愛、更有生趣。世間存心向善的人，就不會總是自歎孤獨，有那麼多無助無慰的傷痛了。

我說的「他」，就是到現在還常被人提起的近代名人李叔同先生。實在說，本文有意的提到他，倒不是因為他享有相當的「知名度」，反而是因為他蒙受過有些人的誤會，最近卻有被人遺忘的可能。世間最好的人，遭人誤會、被人遺忘，這種情形，與其說是前人的遺憾，不如說是後人的不幸。因為，前代人樹立的美好的形象，所留下的寶貴的生命的見証，如果被世人忽視了，或者丟棄了。這種巨大損失的代價，常常是最痛苦的災難跟精神折磨，不是一般人承擔得起的。

用這樣的心境和了解看李叔同先生，我認為，他是最值得世人虔誠對待，從他的身上吸取生命智慧的近代中國人物之一。也因為如此，我常常納悶的想：要是有人把李先生一生的故事拍成電影或電視影集，把他料理人生世事的心情和風格，向世人作深刻廣泛介紹，和真實生動的表達，準會得到世界性的欣賞和接受。因為，他不僅是傳統中國人，進入現代文明以後，一個美好鮮活的代表。他身上還滿有著，關於怎麼樣做人、怎麼樣使人生可貴可愛的東西。因為這樣，至少就我個人來說，我曾不止一次的想到，自己做人如果能夠做得像他那樣，才算是好。——我常是想到的卻不能完全做到，或者沒有想到。我真正喜歡面對的，也是像他那樣的人。

說他的身世大略

李叔同先生，本名是李息，叔同是他的字。他是浙江平湖人。他的前代人曾經營鹽業和錢莊，他父親筱樓公又以進士及第，在吏部做過官。豐子愷是先生十分欣賞的學生，他撰文說過：「筱樓公是天津知名的銀行家。」叔同先生長久住在北方，在政治文化中心的京津地方生長。

他出生在清朝光緒六年（一八八〇年）農曆九月二十日，他的母親王氏，是筱樓公的第五位姨太。出生當年，筱樓公已經六十八歲（一說七十二歲）。出生當天，有雀兒口啣松枝，翩然飛落室內。他長大後顯然很重視這件事，一直把那根松枝保存著，直到他六十三歲在福建泉州棄世，松枝仍掛在他的床鋪。

父親筱樓公在他五歲那年去世。他在北方一直住到十九歲，才陪同母親南下，住在上海。他進入當時有名的「南洋公學」（就是「交通大學」的前身）讀書。以後，母親王氏病故，他去日本，進入東京美術學校深造。到了上海以後的他，已經是上海以文才知名的青年才俊了。在日本「東京美術學校」，他不是專攻某一門學科，而是美術、音樂、文學、戲劇一起來，他樣樣全心攻讀，又樣樣學得很好。辛亥革命以前，他學成歸國，先後在「直隸（河北省）模範工業學堂」、「南京高等師範學堂」、「浙江兩級師範學校」（在杭州）擔任教職，教授美術和音樂。他的文章、繪畫、書法、篆刻作品，為上海報紙競相刊載的珍品。他也實際參加各種文化活動，以過人的風采人情，贏得世人注目。

民國七年夏天，叔同先生三十九歲，像歷史上其他異常突出的人物一樣，走到了他生命的轉捩點。他決然在杭州西湖定慧寺出家，法名演音，字弘一。在這以前，他曾經結過婚，生了兩個兒子（劉質平先生文章說他：「師在俗，有兄一、妻一、子二」。可知筱樓公妻妾雖多，卻是子嗣不旺。他是幼兒，在父親老年之後為李家生下二男，可以無愧先人了。）

他在皈依佛教以前，曾一度鑽研道教，後來自言馬一浮先生指引，才一心向佛。他的佛徒生涯，多在沿海的山東、浙江和福建各地方活動。因為，他的體格略顯瘦弱，怕冷，所以，後來選在南方的福建泉州、廈門一帶弘法，結下很多因緣。他民國三十一年九月四日，在泉州溫陵養老院圓寂。算算他出家一共二十五年，一直「不收徒眾，不主寺剎，雲遊各處，隨緣而止。」（劉質平語）他是否是一個自了漢、小乘人呢？這怕是頗多人關心的事情。

請看他多彩多樣多神韻的形象！

李叔同先生早年家境饒富，又有清末官宦世家的背景。他早期的成名，很容易被世人認為是靠先人的餘蔭，才得以在後來風雲際會，享有富裕的生活和好的名聲上。果真如此，那該說是他所蒙受的頭一個誤會了。因為，他被世人所稱賞的，是他那種幾乎一塵不染的文學跟藝術創作。是他在作品中所展現的情愫，而不是一般人所追逐的聲色權勢、或者金錢等等。他的為人，愛憎分明，對普通的世故人情，不願太遷就，他只以自己的真性情和清越厚美的才情，和世人相見。

這些跟先人的餘蔭，關係不大。勉強說有，只能說他早年比較少嚐受物質生活的艱苦，及在個人氣質上得自上一代人的遺傳。不過，李家的財富，在筱樓公過世後被他人倒帳，因而家道中落，大不同於往常。這種人情冷暖的變化之間，必然對叔同先生構成相當程度的傷害和啟發。所謂餘蔭云云，反而有它負面的影響了。

他被人誤會的另外一點，是說他皈依佛教的態度太消極（曹聚仁就說過這種話）。猜想後來的，喜歡拉幫結派，作品一定政治掛帥的左派人物，更會說他的作品，是布爾喬亞的呻吟，一點也不「普羅」、「沒鬥爭性」。今天，我們對左派的讕言，自然置之一笑。對於把他以信佛以後的人生看成消極表現，我們也不以為然，認為是與事實不符的皮相說法。李叔同究竟是什麼樣的人呢？這裡引述後人所描述的，他的各時期的人生的情狀，可以幫助我們認識真正的李叔同先生——弘一大師，是怎麼樣一個人了。

早期大陸馳名的漫畫家豐子愷，是叔同先生在「浙江兩級師範學校」的學生裡，最蒙先生欣賞，又有一直親密連繫的人物之一。豐子愷在先生去世後，特別以自己得自先生的藝術造詣，為先生畫像一百幅，分寄熟識先生的人。還寫了一篇〈為青年說弘一法師〉的文章，向後人介紹他，說叔同先生為人，最大的特色是「凡事認真」，一定要做好、做得讓自己滿意。例如說到他在上海「南洋公學」讀書時候的情狀，文章裡說：「當時上海文壇有著名的『滬學會』，李先生應滬學會徵文，名字屢列第一。從此他就為滬上名人所器重……他出家把過去的照片統統送我。我曾在照片中看見過當時在上海的他：絲絨碗帽，正中綴一方白玉、曲襟背心、花緞袍子，後面拖著胖辮子，底下帶紮腳管，雙梁頭厚底鞋子。頭抬得高，英俊之氣，流露於眉目間。（這是光緒年間，上海最時髦的打扮）……他立意做翩翩公子，就徹底的做個翩翩公子。」

他後來到日本，看到那裡明治維新以後的氣象，就渴慕西洋文明，放棄了翩翩公子，改做留學生。他進入「東京美術學校」，同時又進入音樂學校，又力攻西洋文學，讀《莎士比亞全集》。他曾經聯合同好在日本創辦「春柳劇社」，演出小仲馬名著《茶花女》，他自己反串女主角瑪格麗特，豐子愷形容劇照中的叔同先生：「捲髮，白的上衣，白的長裙拖著地面，腰身小到一把，兩手舉起托著後頭，頭向右側歪，眉峰緊蹙，眼波斜睇，正是茶花女自傷命薄的神情……由此可以想見，李先生在日本時，是徹頭徹尾的一個留學生。」

他的留學生另一面形象，豐子愷先生根據照片說：「高帽子、硬領、燕尾服、史的克、尖頭皮鞋。加之（他）身長、高鼻，沒有腳的眼鏡夾在鼻樑上，竟活像一個西洋人。這是第二次表現他的特性：凡事認真，學一樣、像一樣。」

由此可知，叔同先生，是一個性情活潑真摯，色彩鮮明強烈，對於所做的事，總是能保持高度興趣，是一個敢愛其所愛的人。

這樣的李叔同先生，跟大家聽到他後來出家為僧，所設想的不問世事的僧人形象，相去是多麼遠！然而，世人如此就說他貪玩、膚淺、徒尚時髦，那也不對。因為，以上所描述的他的三種形象，根本都是他「認真做人」的具體表現。豐子愷先生又說，後來他回國，到學校擔任教職，他的形象又大為改變。豐子愷看到的李老師是：「漂亮的洋裝不穿了，卻換上灰色粗布包子，黑布的馬掛，布底鞋子，金絲邊眼鏡也換了黑的鋼絲邊眼鏡，他是一個修養很深的美術家……他穿布衣，全無窮相，而另具一種樸素的美……穿了布衣，仍是一個美男子。」

李叔同先生這種人生態度，用現在常用的話說，就是他肯於面對生命，全心全力的投入。一般人馬虎敷衍的習性，他完全沒有。他做一件，就把它做好。他不喜歡的事物，也表現得強烈鮮明，一點也不隱藏，做人這樣，讀書也是這樣。比如他學音樂，詞曲創作都很出色；他的文章知名於當時；他是中國話劇的開天闢路人；他的油畫兼有寫實與浪漫風格之美；他的金石篆刻，異常精妙雅美；他的書法，早年學黃山吾，後習魏碑，自有一種風格；他英文、日文造詣都好。又對宋明理學下過很深功夫研究。他就是經此走入道教，又皈依佛教的。

信佛以後的他，把屬於世俗的一切名利放下，做到非佛不想不說的地步。他研究過《華嚴經》；又致力於傳揚淨土真義，終於投身於久已沒落的律宗。律宗所以沒落，就因為它被認為太嚴刻，難以修習。叔同先生卻憑著凡事認真的精神，不但接受了律宗的戒規，還全面復興了它。

他整理、講述律宗的經典，使它更顯出新的意義，因而廣受歡迎。佛門中人因此稱他為「重興南山律宗第十一代祖師」。這時期的弘一法師，他的生活形象又是如何呢？請看後人的形容：「穿著半舊夏布衣褲，外罩夏布海青，腳是光著只穿著草鞋。這時天氣還很冷，但他並無一點畏寒的樣子，他蒼白瘦長的面部，雖然兩頰額下滿生著短鬚，但掩不住他那清秀神氣，和慈悲和藹的幽雅姿態。」

他曾應邀去青島勞山佛寺弘法，他的行李，只是一個舊麻袋和一個小竹簍，小竹簍裡只放著兩雙鞋，一雙是半舊的軟幫黃鞋，一雙是補了又補的草鞋，有人趁他不在，去看他的房間，只見桌上放著「銅方墨盒，一枝毛筆，櫥裡幾本點過的經，幾本稿子。床上有條灰被單，拿衣服折疊成的枕頭…房裡只有清潔、沉寂…使人感到一種不可言喻的清淨和靜肅。」（以上取自〈火頭僧〉文）

也許有人說，這樣的弘一法師，恐怕待人也一定十分嚴苛，真叫人受不了。其實不然，他以前在學校教書，總是以和緩的態度跟話語勸勉學生，從不疾言厲色。他是以自己的行為風範感化人，所以，大家都愛他、敬他。他給僧人講律宗經典，勸他們先要「律己」、不要「律人」。勸人凡事認真，凡事慎重。遇到有人誹謗你，怎麼辦呢？他說：「無辯」。最強是無辯，越辯反而越糟。他把一切生命的道理都明白了，所以，一心不亂。無論生死，都充滿了欣賞的心情，充滿了感謝讚美。所以，在他圓寂以前，預知自己大去的時間以後，寫信給夏丏尊說：「朽人已於九月初四日遷化，曾賦二偈，附錄於後；君子之交，其淡如水，執象而求，咫尺千里。問余何適，廓爾亡言，華枝春滿，天心月圓，謹達不宜。音啟。」

他用「春滿」、「月圓」描述自己臨去前對生命的看法和感受。可見他一生對自己嚴謹，對世間的人事卻並不一味的挑剔，這是一種多麼好的情懷！它不正是現代的人所缺少的涵養嗎？

三個啟示，只在於認真去做

本文以大部份篇幅說李叔同一個人的事，不是勸人去重複他的經歷，或者也在讀書有成以後，去出家為僧。而是發現，他的一生至少向後來的我們顯示了如下的、人生的見證跟啟示：

其一，我們看到弘一大師的一生，不論是為學、任教、從事多種文學藝術創作，乃至於後來出家為僧。他都是抱著對於人生的熱愛，和生命的肯定，盡心盡力的去充實它，彰顯它內涵的珍貴、華美，和永恒的價值。他從不浪費時間和精神在怨天尤人上頭。他對於人生世事，當然有他的批評和厭棄的事物。因此，他才更加用心的，向世人證明，為人該怎麼樣活下去，才是對的、好的。這裡，我願強調說明他對於人生所看重的，不是轉眼就成為雲煙的安富尊榮、酒色財氣。而是超乎世俗和個人私慾以上的，永久的生命價值，如愛、如美、如真誠的態度、純樸自然的人性本色；如克己恕人、為所當為，以及對於天人合一的，關於生命的規律和原則的堅持。他就是憑著這些，才成為近代中國人的一個晶瑩純美的，人生的樣式。

其二，我們不難想到，弘一大師他對於世人所謂生命的神秘，有某種瞭然和把握。關於這一點，世人與其說他未免涉及「迷信」，或偏於超現實的追求，不如說他是著意要提高太溺於世俗的人心。近數百年來的中國人，生命或人生的境界越來越卑瑣、短視，越來越物化、鬼魅化、禽獸格。因此，對於形而上的觀念、理則和價值，知則見疑，聽而不信。在面臨抉擇時，寧要現實，不要理想；寧要片刻，不要永恒；寧要利，不要名；寧要情慾，不要真愛。如此而後的人生，更加快樂了嗎？社會更加美麗了嗎？還是滋生了更多的罪過和痛苦呢？這問題相信世人已經明白了。因此，人生的拯救之道，是生活的格調要淨化、要專一、要上升，而絕不是放縱和沉淪。叔同先生以出色的文學藝術家，生活上卻嚴格自律，就是這個道理。

其三，我們且不要以為，叔同先生太過於「高調人生」了，「我是凡夫，我受不了。」要知道，學他的樣式不難，只要你「認真」。只要你誠意誠意的做自己想做的人，想做的事，就足夠了。很多一般人沒有做，或者做不好的事，不是因為它太難，而是它太容易、太尋常了。它像每天日出日落一樣，一成不變，所以，才不肯去做。而如果你肯發一個決心做下去，你的人生，立刻會另有一種感受。會讓你進入另外一個，像弘一大師那樣「春滿」、「月圓」的境界。

二十二、「沒有人生」的青年

他的話在我心裡引起了不大也不小的震撼

六月下旬，我從報紙一篇方塊文章裡，看到一段犯罪青少年的描述。說青年被捕以後說：「我沒有人生，社會本來就是弱肉強食，活一天，算一天。」這位青年的話，頓時在我心裡引起不小的震撼。

實在講，青少年犯罪在新聞媒體上天天有，我差不多已是怪不怪，看到也無動於衷了。為什麼？實在沒道理麼！像也是六月中、下旬，臺灣省南投縣某處，兩兄弟在假日，約了兩個熟識的國中女生，見面之後，不由分說就把女生綁起來強姦施暴，又激怒於對方的反抗，便把她倆勒死。像這種完全沒有「人味」，甚至於也沒有「獸味」如貓狗和虎豹似的迫對方苟合，也不會姦而後殺的——只能勉強說是近乎冷血的水中的「魚蛇格」低等生物才做得出來的事情，你能對他們有什麼話說？你如果埋怨說：這是國家、社會和家庭教育的失敗，傳統做人的倫常道德觀念沒有了。這話聽起來蠻有道理、有學問的。但，對於百分之八、九十以上一直生活在倫常道德規範之中的青少年，你的話就顯得不真實且沒有意義。就顯得我們的國家、社會和家庭教育很成功，傳統的倫常道德非但還在，且是一股安定社會、幸福人生的力量。

我所以被前述自稱是「沒有人生」的犯罪青年的事，感動得有話要說，不是因為他被指犯罪，是冤枉的，而是大致了解了他話中的真意，和他所以會誤入歧途，連連犯罪的梗概以後，覺得他人性中的良知還沒被抹煞，他也許還是一位值得同情、可以拯救的人。如果，他果真有救，世人卻沒有向他伸出援手，那就不單是他的錯。別的沒有犯罪的人，在人之所以為人的條件和意義說，也就有了欠缺。犯罪青年說的「我沒有人生」那句話，就顯得有點意思了。

他的委曲他的錯

那位犯罪青年的故事大概是：他三歲時，父母親因為車禍突然間「走了」。他從此成為孤兒，無人悉心的照料他、管束他。如果，他父母生前做人有讓人可以議論的地方，那些高音或低調式冰冷的風雨，難免會撒落在他身上。他小學唸了三年就不唸了。以後好像是去到臺北，做各種的「小弟」式的工作。他後來做華西街私娼戶的爪牙。這當中，他看到聽到、享受到、思想到的是些什麼？別人就不難猜想了。概括的說，在那種地方做那種事久了的人，會習慣性的認為，別人一定把「我」看得很醜，「我」也把別人看得很醜，或者專看他們醜陋的一面。他這麼想，覺得心理上和道理上，找到了平衡點，找到了自己站腳的位子。認為「我」醜、「我」壞，是因為別人不好、社會不好，「我」是個「被污辱與被損害的人」。「我」大可以告訴世間的人，「我」是既壞又醜得「理直氣壯」。有了這心態以後，他就會很輕易的把來自別人的指責和勸告給擋掉。他聽不進好話，心理上，覺得光亮太刺眼，陰暗處才讓人覺得安全。到了這種地步，別人再去拉他活在白天、面對善良、走上大路，他會覺得就像你在罵他一樣，他會立刻火冒三丈，拒絕別人的好意，他會說：「你根本就不了解我、不喜歡我，還故意的整我，讓我做心理彆扭難過的事！」

前面提到的犯罪青年，我敢說他或多或少沾染到上述的習性和心態的影響。他顯然曾經被警察抓去問過話。入伍當兵以後，他過不慣軍中嚴格規律化的生活——其他百分之九十八以上的青年，都在那種規律化生活中過得有進步、有貢獻。這是社會多數人所以能在安定中生活，以守法為對的原因。這種事世人不可忘記——他逃亡、犯罪、被捕，繼續服役；又逃亡、又犯罪，且在犯罪中造成五個人的死亡。重要的是，他事後知道，死亡中的兩個女人，一個是即將和心愛男人結婚的女孩，一個是三個男孩的媽媽。更重要的事，這兩個女人都曾在風塵中打滾，是他一貫同情的對象。他想到那個和他一樣也是才三歲就失去媽媽的小男孩，沒法子不自責、不難過了。很可能這是他生平第一回發自內心的認錯。他還有沒有重新開始的機會呢？

以上的情形，大致說起來，犯罪青年最大的委曲，是幾乎從沒有享受過人間至寶的親情；其次，很可能他在迷失中所受的責難和異樣的眼光很多。卻沒有如師長、如兄弟、如朋友樣的人，給他懇切的維護和規勸；給他深切的寬諒和鼓勵，他因此幾乎一直沒有真正了解：真愛是什麼？友情是什麼？他的人生，從沒有走過寬坦明亮的路。軍中的路是寬坦明亮的，可是，像他那樣慣於從背後看人生，慣於在暗處潛行躲藏，把法律和道德規範看成是跟自己敵對，只有在忘記了這些，或有意的仇視這些，故意的違犯它一下，才覺得有「自由感」，才覺得稱心快意的他。任性慣了，怎麼能過得了那種生活！他如果有足夠的意志力，和明辨是非的智慧，該知道，兩三年的軍中生活，實在是他顯現自己，考驗自己是不是跟別人一樣的善良和堅強的好機會。也是他棄暗投明，為自己的人生開拓新路的好機會。以前在社會上，別人有家他沒有；別人在學校讀書，他沒有；別人手上有較多的錢花，他沒有；他可以說「我沒有人生」。現在他入伍了，國軍所能提供和要求於服役官兵的，大致是公平合理的。我們的國軍比較上還有一個好的傳統，就是注重官兵同仁之間紀律之外的感情道義，犯錯的人，可以格外加以寬諒。在這樣的環境裡，他居然沒能把握機會，重新做人，仍舊喊叫著「我沒有人生」，實際就等於宣佈自己人生的失敗。而且，是告訴別人：「我的失敗該由自己負責。」他所犯的錯誤，沒有比這個更大的了。

你有拯救自己的決心嗎？

朋友，容我這樣稱呼那位犯罪被捕的年輕朋友，我前面提到的你的委曲和你所犯的錯誤，你承認麼嗎？我知道，但凡是比較任性跟有犯罪傾向的人，他們有一個特徵，就是對於別人的責難，或被指出行為上的錯誤這件事，最為敏感，也最不能忍受。雖然是這樣，我還是希望你能夠認錯。因為，告訴你「你錯了」的人，真的對你多半是沒有惡意，甚至於是對你抱著某種信心和希望的。如果，你連這些也氣急敗壞的大聲拒絕，蒙受損失的是你，不是別人。因為，這可能會使得在你的周圍，只會有人說你是「英雄」，利用你。卻難得有人在你將要犯錯的時候，再來勸阻你、關心你了。

朋友，你說你「沒有人生」，你能再回答自己：「什麼是人生？人生包含些什麼嗎？」這個回答相信你不大好說。就是說出來，自己也不滿意。實在講，你怎麼會沒有人生呢？你父母把你生下來，靠了社會各方面的機緣湊合，讓你長大，懂得做各樣的事情，這不就表示，你已經有人自己的人生了嗎？你那句話的意思，也許是指不像別人那樣，在父母的撫育之下，快快活活的長大，享有親情、知識、安全，以及家庭、學校跟事業，給自己帶來的榮耀。不過，這些只能表示你的人生和別人不同，你人生的道路比較坎坷。這些你也許可以埋怨上天待你不公平，說「別人的人生那麼甜，我的人生為什麼偏這麼殘缺跟苦澀呢？」但無論如何，對於一個人的幸福和成功一定是好事不是壞事麼？這答案你一想就明白了，並不盡然。相反的，對於一個足夠智慧和堅強的人，出生在困苦環境的孩子，多的是後來成聖成賢，或者成大功、立大業的。至於說，困苦中的孩子，後來成家創業，生活裕餘，享有平凡實在的幸福人生的人，更多得到處處都是。對於很多人來說，早年的艱苦孤獨，所帶給自己最好的東西，不是滿腔的怨憤和自卑情緒，而是「我必須立志，我必須堅強，我必須力爭上游，向世人證明我的人生不輸給別人」的決心跟激勵作用。怨憤、自卑，把自己痛苦和失敗的原因推到別人身上，或推給環境，是使一個人走入歧途、招致失敗、招致悔恨和痛苦的，最致命的毒害。而且，你要不要這種毒害，決定的因素不在別人，而完全在於自己。也因為這樣，我現在勸你，要像扔掉你過時骯髒的破鞋一樣，快把你心中對於環境和別人的怨恨丟棄。然後，提起你對自己的信心和希望，抬起頭來，向前面大步走去。你的人生立刻就會展現出一幅新的畫面，跟過去不一樣了。當你向前走了一段時間和路程以後，你就會發現，我前面告訴你的話是不錯的。那就是，讓自己心中充滿了對別人的怨恨，你等於是用黑布蒙住自己的眼睛，關上自己心靈的大門，別的任何美好東西都將和你絕緣，和你不相干了。

讓心中充滿怨恨，還有一些更大的危機，就是使你更容易受到邪惡的引誘，走向犯罪的深淵。因為，第一，你以為自己沒有人關愛和了解，而就不去了解和關愛別人，進一步去損害凶殺別人，這會徹底破壞了你和別人跟環境的和好的關係，使你失去正常人生的快樂。天下雖大，似乎沒有你容身的地方了。第二，在任何開放社會，都會有一些用心不善、行為乖戾，跟習性敗壞的人存在著。今天的臺灣，在自由開放之中，又加上共黨的滲透和陰謀破壞。他們想一切方法醜化我們的社會，挑起眾人對社會的不滿。由於他們的說法和行徑，和正常社會的情形離譜太遠，正常的人都會排斥他們。在這種時候，他們利用的對象就指向血氣方剛、不滿現狀的青年，他們很容易在你的慣常的憤怒中加油點火，讓你幫他們進行破壞。等到你一旦被他們利用，做了一兩件案子，他們會先把你的身份告訴警方，這樣他們就讓你知道，除非跟他們幹，你已經無路可走了。

以上這種情形，再加上社會惡勢力利用各種傳播媒體，散播歪曲的道理和謠言，製造灰黯和恐怖氣氛，鼓勵人不滿現狀。例如：有人說不讓我反對你，怎麼證明我享有自由呢？既然我可以反對你，為什麼我還要守法呢？看情形，邪惡份子在心裡似乎這麼認為：「只要社會亂了，受苦的人就可以翻身。」共黨佔有大陸，政府所以遷來臺灣，不是共產黨比國民黨好，而恰是共產黨比國民黨壞，所以，做壞人也不是沒有搞頭。如是這般，各種因素交錯起來，青年朋友上當的機會就多了。也因為這樣，我們不擔心邪惡勢力有沒有將來，只擔心，在這麼複雜多變的社會裡，那些環境已經不好的青年朋有，也正是受害可能性最大的一些人。他們該怎麼辦？關於這一點，我相信社會會漸漸的為他們打開更多方便之門。但是，更重要的，還是青年朋友自己要有警覺、有拯救自己的決心才行呵！

二十三、損友？益友？

這裡講的「損友」跟「益友」，所指的不是人，而是生為現代社會的人，必須或多半會經常跟它相交相對的「大眾傳播媒體」，和「現代文學創作」。因為，你沒法全然否認，現代社會的大眾傳播媒體，和新文學創作，一方面雖然增添了你人生的識見，充實了你生活的內涵。卻也給你的人生，帶入了一些挑戰跟問題。

吞噬它，不要被吞噬。

首先說現代社會的大眾傳播媒體，這裡主要是指大家日常接觸最多的報紙、雜誌、電視、廣告等等，至於其他負載著資訊或感性材料的製作，如電影、ＭＴＶ等，不是本文談論的主要話題。

這裡列舉的大眾傳播媒體，都是二十世紀才大興起來的東西，在人類生存的歷史上，它們的出現為時甚短，卻都能夠迅速的、普遍的，滲入世人的生活之中。不只影響了世人生活的方式，而且，影響了大家生活的內涵；不只改變了個人價值判斷的標準，而且，顯示著社會蛻變的方向。有些人甚至可以說，像今天的報紙、電視、雜誌和廣告等，用它們自身慣用的誇大跟強調的姿態表示，它們幾乎就是「標準」、就是「生活」。世人已經不能一日間沒有它，不能不受它的影響，還保有跟古人一樣，可以互相溝通，合乎時宜的生活。也就因為這樣，我們才把它看成是人生路上的朋友。因為，我們不能不天天去面對他，跟它相交，正如我們不能不過現代社會的生活。

話講到這裡，我們的意思就明顯的呈示出來了。那就是我們認為：生在現代社會的人，特別是比較年輕的朋友，有必要在自己成長，成家立業的過程當中，逐步的、儘早的建立起自己對待這些「朋友」，也就是對待這些傳播媒體的態度，是吞噬它？還是被它所吞噬。我們可以說，這件事你做得早，做得對了，你就可以吞噬它們，從它們吸取營養。它們就是你的益友，會給你資訊，給智慧；會伴你度過寂寞挫敗的時分。會在你最需要的時候，給你幫助，送你走向幸福或成功的人人生之路。若是不然，這件事你做遲了、做錯了，它們多半就會轉過來吞噬你、欺弄你。讓你的人生充滿了錯誤、失敗、苦惱，和讓你感到羞辱跟絕望的懲罰。因此，如何面對這些朋友，也就是對你來說，這些傳播媒體，究竟是你的損友？還是益友？就成為立足於現代社會的人，很重要的一門自衛圖成的功夫。目前社會上諸多醜陋和不幸的事，由三十歲以下，特別是二十歲以下的青少年做主角的佔大多數，這種情形，在越是現代化自由富裕的社會，越是如此一樣令人擔憂。原因跟大家沒交好這班朋友，有分不開的關係。

現代的社會的傳播媒體，所反映的是現代社會的種種情態，是現代文化投射到人生活動當中，所形成的各色景象。又因為這些媒體是以現代人的觀點，作商業化的經營，而現代人觀點中最跟以往不同甚且相反的，常會被當做「新」的東西，刻意的表現。這方面的觀點比如：懷疑現存的權威，和價值標準、價值象徵：反叛性、多元價值，感性意義，自我中心，膚淺的趣味跟一切容易得到的滿足等。以上這些觀點或人格傾向，常常綜合表現成一種怪異的自我矛盾又自我毀滅性的行為，在傳播媒體上，透過現代科技跟藝術手法，被誇大的反覆呈現出來，以取得廣大觀眾和讀者的注意。因為，多數人不同的喜歡，是這些傳播媒體賴以生存的條件，它們不能不這樣。問題是一個人常年累月的接受這樣的東西，被它們包圍著、餵養著。時間久了，他就會在心態上成為這種東西的樣式，以為生活就是這樣。就是這種強烈的懷疑，反叛、感性、矛盾、多趣味，充滿剎那間的變幻和滿足。這樣他就不願意，也沒法子接受原本是清純的、肯定的、靈性或理性的、整齊的、平淡的、永久性秩序化的事物。他的人生就顯得、動盪、貪婪、膚淺、容易幻滅。而這些感念又恰恰是追求快樂、幸福，和長久肯定性滿足的人生目的，正好相反的。

現代社會傳播媒體，成為世人的「損友」，以如上所述的情形，吞噬青少年豐沛多彩的人生，只是一般性的狀況，而且，也是世界性的狀況。在國內社會，大眾傳播媒體所加給讀者和觀、聽者的挑戰，特別值得注意的，一是習於誇大跟自我膨脹所產生的，虛幻的滿足感；二是對於社會黑暗面、人性消極面，事物的或然性，反常而種種情態的偏嗜；三是由於它的生存，太依賴於商業經營，和大多數人的接受，加上謀利的動機，形成了它外傾和下傾的突出性格。凡事看別人的評價或愛憎，為求爭取多數，不惜迎合人性中低級的惡性的慾求，如性與暴力等，一直被利用著，全沒有內在的道德性的自我期許。

世人如果全盤接受大眾傳播媒體上述各種傾向的影響，就難免使自己的人生，走向虛浮、奢華、邪鄙、墮落、投機、荒謬，充滿挫敗、反理性、反人文的深淵。除此以外，目前的某些傳播媒體，似乎又習於向社會擺高姿態，自視前進，包辦真理、時尚或民意，傳達的又不過總是些殘缺的、虛張聲勢、昨是今非，以偏概全的資訊和論斷，與訴諸情慾的感性材料，世人倘不加防備和選擇的，長期接受這些東西，後果如何，相信人人都不難想見。

然而，如果世人有清明的理智，把握住一些料理人生，自求多福的原則，如真誠、樸實、美愛、公道、和平、忠恕、節制、中庸、人本、理性、幸福、不朽、自由、尊嚴、異於禽獸，創新發展等等，拿這些做標準，去篩選吸收傳播媒體上的東西，相信它其中所包含的新的觀念和其他資訊，就會使係的人生豐富、常新而有光彩。就是那些跟你所持的標準不合的東西，你也可以用批判的眼光看它，把它當做警惕自己，或提醒別人的材料。吞噬後消化它排除它，而非被它吞噬。這樣，它就是你的益友，會為你所受用。你也才能如古聖人所說的「無入而不自得」，是一個幸福的強人。

什麼文學？什麼人生？

再說「現代的文學作品」，為什麼說它給現在的人生，代入了一些挑戰跟問題。這件事本是說來話長，此地只想撮述一二要點，提出個人的所見。

由於筆者關心的事情，是如何追求美善、幸福跟滿有盼望的人生，不在於文學研究。以下所及，請勿看做文學的欣賞批評，只是從人生看文學，把所見的若干值得提請注意，妥善對待的情況，勸世人正視它。

筆者個人對人生與文學的關係的看法，有這樣的淺見是：近百年來，文學與人生的關係，比過去廣，文學所涉及的人生的層面，卻比過去淺了。此地所說的「淺」，是說以前的文學作品，專注於表達個人靈性上和內心深處的感念。文學中的天地，雖說是個人的，卻是比較上深沉廣大，其美、其悲壯、其哀悽、其開闊豪邁，頗有能盡情發揮，達到入神、超人、宇宙性的無限境界。現在，特別是現代社會的文學創作，因為，太關心對現實社會人生的批評，頗多的作家，實際上已經走出了超現實的心靈世界，把文學當做人生的社會學和政治學去經營了。也正因為這樣，文學的內涵，也頗多是沉溺到形而下的感覺世界；寫愛，變成了性的描繪，變成了心理學的解析；寫恨，變成了思想鬥爭、政治宣言；寫戲，著意在製造人間矛盾；寫詩，頗多不過是揮灑激情；寫散文、報告文學，是目前文學杈椏裡很重要的一枝。再加上，國內文學作者似乎以歲在少艾的年輕人為主力。創作者的激情，勝於對人生深徹的觀察和體認，如此，文學創作就更容易流於說新鮮話或激情話的膚淺。

筆者常想，文學對人生的大用，應該和宗教異曲同功。它所涉及人生的層面，容或不同，總該不離乎個人心靈和深處感情的表白跟拯救。從這一方面看今天的文學作品，就不難發現，它不只廣度和深度有所不足，太沉溺於感性生活的糾纏。又因為國內作家無法獨立於西洋文學的影響之上，掉在原罪的人性觀，和善惡二元，永恒鬥爭衝突的公式化觀念裡，據此經營出來的作品，頗多是只求對讀者提出問題，而無意提供答案；只以擾得你心痛為它的成功，對於如何澄清你的心境，讓你看清楚生命的真趣，提升你人生的境界和嚮往的真誠，彷彿並不在他心上。作者因為太熱衷於提出問題，又誤以為誇張激情的文字，易於創造更大的效果。讀者讀這類的作品多了，也助長了年輕一代的人，喜歡凡事質疑、問題導向的人生態度。又因為誇張渲染的文字看慣了，總以為文學與人生就是這樣，沒有耐心去面對和咀嚼人生的高遠和深邃層面，簡易淡雅的情味。

語言的繁複，技巧過盛，使現代文學作品總缺少自然單純之美。而現代人生又最需要有這方面的拯救。法國當代戲劇家尤乃斯柯就說過：「我相信文學是『精神神經病態』，沒有精神病態，也就沒有文學。良好健康的心，是無詩也無文學的。」（引自七十一年一月「聯副」金恒杰先生文）尤氏此話，當然不是否定文學，他只是想要指出，代表人類精神神經病態的文學，是否也提供了人生的一種意義，值得深思。他這些話，對專業的文學研究者，有更多的意義。至於對一般的文學讀者，我們寧願大家拒絕文學裡的「精神神經病態」，享有他自己健康的、理智與情感平衡的人生。在這方面，我願指出，中國人傳統的文學，和文學欣賞的態度，值得給予新的重視。再不然，就是寧願不取美法，而取英國人的不用太多的激情，用比較理性、中和的文學態度。這樣，文學才更有希望成為世人的益友。世人也才可享有莊嚴、快樂跟富美的人生。

反客為主，是幸福人生的關鍵

最後，本文願再說明，此地所陳，只在指明現代人社會人生所面臨的問題。在強調大眾傳播媒體和文學作品，這些本是人生活動所派生的東西，越來越威壓著個別的孤伶的人生，使世人有不堪威壓扭曲之苦。世人必須有面對它、有給予抵抗和批判的智慧和勇氣。必須反客為主，奪回自己的地位，使自己免於被洗腦、被塑造的悲劇。大眾傳播媒體和文學作品，當然各有其存在的價值，但對於人生這個命題，它們只是條件之一，卻不是全部主體。在知識和科技爆發的今天，世人對於經營人生，該有更高的自我期許和肯定，而世人如何對待這個問題，現在正是大家好好想一想，有所抉擇的時候了。

二十四、中西社會的女性觀

從西蒙．德．波娃的女性觀說起

最近，由於種種原因，使我想到中國人和西方人對於女人態度上的差異，實在是一個大問題，值得世人深入的思考，用更為妥當的態度對待它。不然的話，人間很多惱人的問題，還會繼續下去。五月的母親節，仍只能對極少數有心人士才有真實意義。對於大多數凡事不求甚解，只跟著趕風學樣的人來說，就難免止於形式，是一個調劑生活的節目而已了。

這裡所謂「人間很多惱人的問題」，包括一直是很應時的、現代家庭的穩定問題，夫妻間的感情問題、婦女在家庭中的角色問題、親子關係或子女教育問題、女權問題，以及究竟什麼是人生真正的幸福，它的意義、內涵和價值的問題。這些事情，都和女性的自覺，跟一般人對於女人在世間的角色認定，和生命意義，有分不開的關係。這樣的問題所以會產生，也關係到中西社會對女人態度的差異。因為，這種差異，使得世人的「女性觀」被誤導了，這是不容否認的事。

我特別提到一點，是因為最近接觸到一些西方社會傳來的有關的資訊。和閒來翻書，看到法國已故名女人西蒙·德·波娃對女性的若干看法，所引發起來的。特別是她以下的這些話：

「在較低等的物種中，父母如何在生育後開始衰亡。而在較高的物種中，父母還長久的生存下去，讓後代發展出獨自的品質和目的……就生物學說來，雌性是生命的主流，雄性是偶然的。在較高的物種中，並且給了他經濟上和身體上的優越。」相反的，「雌性的週期、懷孕、生產，女性的病痛和照顧小生命，阻礙了她的自我保護，狹隘了她的自我保護，限制了她的心智發展，狹窄了她的興趣……」

這些描寫，顯然是從人類生命的誕生和維護上，肯定了女性的主流地位，和她們為生命延續所作的犧牲跟奉獻。可是，西蒙·德·波娃卻在另一方面把女性的角色形成，提出不同的看法。例如，她一則說：「女人的個性是社會的產物，而比較不是個生物上的產物。她的價值、她的智慧、她的道德心、她的品味、她的行為，應該由她的環境和所處的傳統來解釋，這些不是天生的。」

二則說到女性對感情生活的態度，認為「她不相信崇高的、羅曼蒂克的愛情。她懷疑道德上的宣傳，誇大了婚姻的高貴性，和母性的愉悅。」說「婚姻處死了愛情，爭吵太多、嫉妒太多、例行事太多，妻子就失去了那種異樣的吸引力。」她的結論竟然是：「要消除荒淫，只有消除婚姻。」

消除了婚姻以後會怎麼樣呢?她三則又說:「對於一個女人，自由開始於子宮。」似乎是說，女人的自由，應該從自己有權決定是不是生孩子，以及為誰生孩子開始。所以，她贊成布朗姆的主張，用試婚的方法來減少離婚。主張在婚姻當中，每個伴侶都應該讓對方開一道後門，說:「一個妻子應該以她的丈夫擁有別的女人為榮。」

以上片面介紹名揚國際的、法國已故作家沙特的妻子西蒙·德·波娃關於女性的一部份見解。它給人的印象是:她所見的，大致是那些被優裕生活、自由和現代知識餵養慣了的婦女。在同樣情況下被餵養慣了的西方男人，也把她們看成那種樣子。這樣的女性觀裡，有兩個要點，其一是「性」，其二是「權利」。西蒙·德·波娃從這兩個要點看女性，對於女性因為自身特有「性」條件，使行動受限制，感到委曲。又想到女性應該在社會上享有和男性一樣的權利，發出她的呼聲。她的這種主張對嗎?它真的能夠增加女性的自由和幸福、提高女性的地位嗎?沒有人能提出世人公認的最後答案。不過，我們卻由這裡看出了中西社會所流行的女性觀的差異。我們這裡，有越來越多的人忘記這種差異，在對待女性的態度上，很明顯跟著西方人走，把自身的傳統丟棄了。

良母是女性所扮演的尊貴、芬芳、無可代替的角色

用比較性的說法談中西文化社會女性觀的不同，情形大致是這樣的：我們從生命哲學和倫理學觀點看女性，把女人看成母親。西方人則從生物學生理慾求和社會科學觀點，把女人看做男人的妻子或情子。進一步，女人自己又想到自身的權利。我們的文化傳統，認為在宇宙生命的形成上，男為乾、女為坤；男屬陽、女屬陰，這其中沒有「主」和「從」的分別，是平等、均衡、和諧、互相需要、相輔相成的。男與女，就生命的孕育、誕生和作育成長看來，彼此都只有犧牲，都是責任，不是權利。西方人也許是受基督教義的長期教化，總以為女人應該屬於男人，是次等的生命。早期的西方世界，似乎女人的自由意志南不大被尊重的，近代西方女性比較看重自己的平等權，也許是這種背景的反射。值得注意的是，西方社會，即使是平均教育水準比較高的西歐和美加地區，大家在實際生活中，還是看重女人性生活的角色任務，也就是把女人看成妻子或情人，女人自身也大多如此。因為這樣，比較上重視丈夫的取捨，輕視兒女的保育責任，甚至以為，生兒育女損害了自己的權利和幸福。也因為這樣，「婚姻」才成為可以「消除」的關係。

當然，西方社會也有尊重母親、歌頌母愛的傳統，西方婦女也有甘為良母的人，母親節由美

國人提倡推廣開來，可以證明這一點。只是這種氣氛近來日見稀薄，且影響到我們的社會。我們的社會，向西方效尤的人越來越多，多得令人憂心而已。

本文主要關心的事，是現代中國的女性，必須適度的把祖先時代女性甘為良母，鐵肩擔重任的傳統，承接下來，才能真正的彰顯自己生命的意義，和生為女性的芬芳跟尊嚴。古代的中國女性，嫁到夫家之後，就全心全力的投入了一個個人生命的新的階段。她經常所關心的，一個是協助丈夫維持和振興家業；一個是生兒育女，延續夫家乃至於娘家的香火，繁延種族的血脈。一個為人妻子、做了母親的人，所以能在遭遇大難或喪夫之後，毅然挺立，帶著孩子，支撐夫家的門楣，是因為她深深知道自身責任的重大和神聖，她是無可替代的人。所以，古代兒女心目中的母親，不僅是慈愛的、堅強的，而且是崇高偉大、跟十足尊嚴的。做一位良母當然很苦、很累，要犧牲很多人生的享受，但她們認為既為人母，就理所當然的應該這麼做，也值得這麼做。因為，她生命的意義，因此被肯定了，因此，可以芬芳不朽。她在這種時候，決不會像西蒙・德・波娃所說的那樣，結婚生子以後，不想到自己的責任，反而老埋怨為人妻母，阻礙了自我保護，狹隘了生活的空間，這幾乎是她的宗教。這樣的重擔，值得她以滿懷虔敬專一的心去背負。女性以這樣的態度安排自己的人生，所達到的生為女人的生命境界，跟那些在子女面前，還念念不忘記

「我的幸福」、「我的權利」、「我的品味」的女人相比，相去真是不可以道理計。無怪乎今天的賢良母親越來越稀少，有問題的家庭和孩子越來越多了。

天使與魔鬼的分岔點

也許有人會說，本文分明是提倡「復古思想」，是反乎潮流趨勢，一般人是聽不進的。對這種可能的說法，我的回答是「否」。我認為在文明進步、物質生活富裕的今天，把在自由泛濫、道德崩潰、世人陷於生命虛空之苦的女性喚醒，回頭來追求真正的生命的芬芳和價值，重新塑造出女性可愛可敬的形象。提醒世間的女性，用愛而不是用性，做母親而不只做情人；以昇華後的感情和精神去導引人生，而不是只任憑生理慾求的聳動牽引，正是尊重女性、肯定女性的正常態度。也符合身為女人的人，最大最長遠的利益。

稍稍深入一點想，世人把女人看做母親，或者看做情人；是看重她的「愛」，或是突出她的「性」，雖然，只是一念之差，卻會導致極其不同的後果，造成不同的世界和不同的人生。想想古今世間的怨偶、破碎的家庭、寡居的女人、被遺棄的兒女，以及婦女所受到的真正的體貼、保護和尊重，什麼時代比較多些；想想目前的社會，有越來越多的青少年，對於女性恣意凌辱，動輒姦而後殺，全沒有一點憐惜愛護的表示，身為女性的人有何感想？人們不難從這裡體會出，「性」的本質，加上純美的適度的感情，和人文制度的制約，原是一件好事。如果，只突出它生理需求上的意義，那就是醜陋、就是野蠻殘狠、就是禽獸格，是巨大失落感，和痛苦的根源。可以說，女人要做世間的天使，或者是魔鬼，兩條路的分岔點就在這裡。

末了，引一句西方的老話結束本文：「為被愛而愛，是人；為愛而愛，是天使。」為被愛而愛，這句話粗聽起來，並沒有錯。錯在你如果真的這麼把「被愛」當成「權利」，去計較、去爭取，結果多半不但是得不到真愛，還可能因此走到非人的路上去，失去了被愛的機會，嚐不到愛的滋味。因為，人對自己有情，那不叫愛。愛是光亮，註定是要對外放射，用在他人身上才算數的。一個人對他人為愛而愛，看來似乎很傻。其實，這種近乎是商業化的看法，也未必對。因為，就像母親，她愛子女和家庭，所得到的不只是全家人的敬愛，她也擴大升高了自己的形象，她的生命，受到長久的肯定。她的這種收穫，能說是沒有價值，「划不來」麼？

二十五、企業化人生的新步調

本文標舉「企業化人生的新步調」，如果不加說明，很容易引起這樣的誤解：說是作者在推廣一種「人人為我」、「極端現實」的人生態度，是提倡以經商牟利的觀念和方法做人。或者以為，作者誤把金錢或經濟上的成就，當做人生的主要目標跟價值判斷的標準。要是你順著這樣的思路一直想下去，必然會產生一種憂慮：認為當今的世道人心，已經被重商主義的浪潮衝激得夠壞、夠險惡了，人還能在現實重利的游渦裡，繼續沉淪下去嗎？認為現代人的精神生活，已經太偏枯，人的形像也已被扭曲變形了，人還能承受更多商業壓力的威逼嗎？

要說明本文真正的旨趣所在，並不容易。下面的幾個要點，卻可以讓人了解「企業化人生新步調」的基本含義和方向。

新認識，新方向

其一、現代企業經營所用的觀念、原則和方法，開始並非是全為企業經營所創。而是企業的經營者，把現代學術知識中的新的發現，借用在企業的經營管理上。現代企業的形成，是經商行為學術化、科學化，跟高度組織化、豐富化的結果。現代企業乃是現代文化發展跟積累的綜合呈現。它本身也是被滲透、被改變，甚至於被佔領的「土地」。無論在本質和方式上，跟以往單純經商牟利的「做生意」活動，是大有不同了。

其二、現代人所以能很輕易的享有今日文明進步的後果，主要是現代企業經營運作的成績。企業經營，早已是現代文明和精神活動的象徵之一，它影響著每個人的生活、工作跟休閒活動的模式。它本身也受到很多人參與、需要和種種好惡的影響。本文說「企業化人生」，並不是勸人「單行道」式的片面接受一些企業經營管理的觀念和方法。而是建議你，除了接受一些來自企業經營的智慧和經驗以外，更可以透過本身的參與、關心，更積極有力的去影響現代企業的發展，使彼此互相受益，得到更大的進步。

其三、企業經營借用其他學術研究所獲得的觀念跟方法，它本身所創用的新觀念跟方法，又被其他性質的活動所轉用的情形，已經很多。最顯著的例子，是政府對公共行政的處理，以及現代軍事編組運用，乃至於戰爭任務的遂行，更小而至於各種藝術品的創作、保存跟傳播等，都從現代企業經營的成就之中，得到幫助或思想技術方面的滋養。這種情況的實例，大自國家目標的釐訂，戰爭原則的確立；小至一般事務管理，成本跟效率觀念的革新，傳播轉輸方法的講求都是。這些事都跟每一個人的日常生活有密切關係，直接間接影響著塑造著我們的人生。

其四、儘管有人感嘆著重商主義傳染了人們的生活品質，它卻也充實了大家的生活內涵，提高我們幸福的程度。人的行為容易被污染，究其實際，實在和人性本身和社會制度的不完美，有更大的關係，我們把社會道德的敗壞，完全歸咎於商業傳染，事理上並不公平，也不是絕對真實的情形。我們說今天的人宜乎要接受企業化人生的新步調，不僅是著眼在現在的生活，更是因為如果還不多接受些現代企業經營的觀念跟方法，把有限的人力和物質資源，作最有效的利用。而仍像以往農業社會的生活習性：遲頓、散漫，一切順其自然，未來的後果，將不是人類所以忍受的。更何況，現代企業精神跟方法，也包含了保存人類文化成果，創新文明進步的最佳條件。現在的人，如果能夠憑自身的努力，把它可能產生的不良影響減到最低限度，企業化人生實在是人類向前發展、免於落後愚昧的主要途徑之一。

老的問題，新的作為

我們純就個人如何料理自己人生的觀點看，覺得至少有以下盛行在企業經營之中的新觀念和新方法，值得我們加以吸收：

一、重視目標：企業經營重視本身的目標，並非它的特色。因為人也早就各有自己追求的目標或理想。值得它注意的是，現代企業所特別重視的，除了目標本身以外，尤其著重在完成目標的途徑和方式。「目標管理」這一門學問跟複雜的作業，於是乎才產生出來。目標，對於一般人來說，它常常只是一種存在心中的想法跟願望。它也許很高遠而又美好，卻多半是被停置在觀念或感情的嚮慕上。只有極少數的人才把目標和理想的實現，夢寐以求之，艱辛以致之，促其實現。普通大都是很不認真的只放在嘴上談論，文字上描繪舖張，以求自我表露一番而已。

現代企業經營者，對於他們企業本身目標的看法，認為它不僅是一個理想，而更是一個必須努力以求其完成的工作計劃、作戰任務，或工程藍圖。它的性質，正如軍事作戰中，指揮官經由狀況判斷之後所宣示的決心。那個決心，也不只是一種想法，而是一套縝密的行動計劃。企業單位在目標和計劃決定以後，緊接著是發動一切力量，採行一切配合性、主力性的措施，實行目標管理，以使它如期實現，甚至於超額完成。企業經營者，常把目標和計劃的完成，看做本身的靈魂。認為它就是為完成這項目標或計劃而存在。他們往往不惜為此修正或變動企業的編組，以適應新的狀況。再者，為了充份的完成計劃目標，他們把一個巨大的目標，區分成遠程、中程跟近程計劃。在計劃決定前後，還不斷的作各種狀況的調查分析、綜合預測，作為隨時修正計劃，遂行計劃的依據。現代企業對於本身的經營目標，如此做全力的推動，極像藝術家對於自己預其傳世的鉅作，在創作時作全生命的投入。在精神狀態上，看似極端的冷靜縝密，卻也實在是極端的浪漫與瘋狂。這種心中有目標，又能精誠固執拚力以求其實現的態度，正是醫治當今世人，心志上恍惚迷離，凡事淺嚐輒止、小趣味主義、不求深入、貪安怕苦、終難有成的心病的良藥。

現代日本企業經營者在談判事業目標的時候，曾經強調過一種觀念，即：「低目標是罪惡。」他們認為，「低目標」的決定，將無法使工作人員充份發揮他的才智，激不起高昂的奮發意志力，容易導致保守、消沉、精神萎縮。相反的，更高的目標則是一種挑戰，足以喚起人的創新跟克服困難的最大潛力，作有聲有色的表現。這種情形，在企業的經營是如此，在個人人生諸事的料理，也是一樣。

決定目標的另一項考慮，是企業經營者常常放在心頭的一件大事：「社會需要的企業才能生存」。這實在是「服務的人生觀」跟「需要價值論」觀念的實用，是對於老式商業經營單純「利己」思想的反駁，自然更必須牢牢把握。尤其值得借鏡的，是現代企業經營者要了解「社會需要」時所用的心力跟方法，所下的知己知彼的功夫之深。以及目標完成以後，他們分析成本盈餘跟技術性得失所作的努力。我們做人要是都做到了這些，人生就算失敗了也是成功，因為你必已另有所得，還有什麼懊惱跟苦痛可說呢！

二、關於「人」的新認識：現代企業經營，深深知道人的因素是多麼重要。知道企業經營的對象是人，推動企業經營的主要力量，也是人，所以很注重對人的了解。企業家心目中的人，是決策者，是專家或工作幹部，是消費者或者是一般的勞工。他們都不憚煩的作過專深的研究，以求明白各種人的願望、能力限度和他在各種狀況之下的需要。從這種觀點看今天的企業經營，可以說就是以人為體，又以知識為用，務求實現其最高價值的求生活動。所以企業的人本精神，不但不比其他性質業務和學術研究淡薄，反而是更專深而又切乎實際。現代企業經營，非但不是從錢孔裡看人生，反而是刻意致力於透過企業活動，充份體驗人之所以為人的潛能的極致。須知很多超大型、超精密的科學研究、太空探險等等，如果沒有人以企業化的努力為之支持，幾乎是不可能實現的。

人是企業經營的主體，人自然也是人生活動的主體。令人感覺怪異的是，很多在企業經營以外料理世事人生的人，常會在有意無意中忘記自己作為一個人的責任和地位，做出貪戀權力跟物質利益，戕害人的尊嚴，以人為敵，表現出非人的醜惡行徑，否定了自己做人的立場和意義。

作者以為，我們從「企業」經營中，吸取關於人之所以為人的新認識，主要倒不是哲學理念上的了解，因為這些一般人早就知道了。我們要吸取的，是企業經營中對於人的價值和潛力的新發現，是他們把人的存在的意義，作新的觀察，把人的潛能作最大可能的開發；是他們以新的作為，把人高舉起來，這些卻不是任何人以其他方式所能做得到的。

三、對於新事物新境界的創造：企業化經營不斷求新，不只是在產品上求新——那不過是一種結果，更主要是在觀念、在知識技能、在有限和無限時間空間的體認上求新。研究企業經營的學者說，現在世界的實際情況是：「經驗可能是一種障礙，而不是一種長處。」舉例來說，新的科技成就，如自動化、電腦、跟新的決策和設計中包含的數學概念，常常會改變人們現有的工作的本質，使一切現有的存在，頓時有了不同的意義。另一方面，以前不可能的事現在成為可能，而且是輕而易舉的完成，使原在天邊的夢想，很快的拉近到眼前來了。人因此更有信心的面對未來，作新的創造。新的世界更加臨近，新的企業自然更有發展，新的人生場景的開拓，也更加動人心弦了。

在人類文化史中，從沒有其他任何事，比現代企業經營更重視創新和不斷的開發新的明天。

預知未來，在以前是玄學或神學範圍的事，現在的企業經營者卻優為之。這種情況，對於著意要好好料理人生的人，應該有很好的啟發吧！

用它調理人生，做命運的主人

我們該向現代企業經營轉借來經營人生的學問當然不止這些。不過，我們如果能就它的這三項長處加以充份的吸收和運用，受益一定不少。根本說來，對於「目標」、「人本」和「創新」觀念的認識，是中國人早就擁有的人生哲學。只是以往大家極少有人像今天的企業經營一樣，對於它們作新的理解，和以全付精誠來體現它、完成它。以往，人們實在是太懶散了、太消極了，也太甘於原始的低調人生了。

就如同我的一項體會：軍事上牢牢把握實行的「戰爭原則」——如目標、簡單、安全、節約……等等，實際也就是人類求生存的原則。

這些原則，都是從企業經營原則中借過來的。現代企業經營所創用的做事的觀念跟方法，乃是把一切關於人、物、資金及時空因素加以組合，作最佳運用以完成預定目標的作為，又何嘗不也是人類求生存的新方法？很多企業經營的原則，也就是人的生存原則，或者把原有的生存原則拿來應用，使它做得更好更有效而已。

從這樣的觀點看，我們有些人（包括企業經營者本身在內）把企業經營看成單純的賺錢「做生意」，當做一種經營苟苟借以自肥的伎倆，對它妄加濫用，或者看不起它，根本是錯誤的。本文以上所說的企業經營，乃是指當今世界最典型的現代化成功的企業而言。我們深信，世人如果真能以新的眼光和態度，從現代企業經營得到一些教益，建立起自己的企業化人生的新步調。你不但會把生活帶入一種嶄新的世界，呈現新的姿態。社會上作同樣努力的人多了，還會憑著大家的好影響，回頭來帶動企業經營，把它引領到一種更純淨、更公平、更多展望的新境界。能夠這樣，我們才於和自私愚妄的人生揮手，說聲「再見！」我們才敢於較有自信的說：「人是他自己命運的主人了」。

二十六、艾文・杜佛勒《第三波》文明的「電子大家庭」

「電子大家庭」產生的條件

艾文・杜佛勒在他的《第三波》一書裡，有一章關於未來家庭形態的描繪，引發了我一些感想，值得和很多人溝通一下，互相映照一番的。

杜佛勒從科技翻新、推動人類文明，和社會形態變動的觀點，預測未來世界的面貌，和人的形象。其中，提到和人生關係最為密切的家庭生活，他的看法是這樣的：

由於以電子新科技的應用為主，第三波文明的新工業，將不可避免的，會減少參與實質生產的勞動人口，在製造業裡，有越來越多的工作，在任何地方都可以做。就是說，技術專家和工人，可以不必上班，而就在家裡把產品或作業項目完成，再交到公司裡去。

他舉例說：「西方電器公司原先為電話公司生產電動開關設備，後來轉而製造電子開關裝置。……原先生產工人比白領職員和技術工人多，約為三一之比，現在比率是一對一。也就是說，在兩千名工人當中，有半數負責資訊，而不是產品的人，他們大半的工作，都可以在家庭完成。」

「科羅拉多溫泉HP工廠的情形是，有一千人從事實際製造工作。就技術言，也許有兩百五十人可以在家裡做研究發展工作。只要肯投資設置電腦終端機，有一半，甚至四分之三的工作，可以在家中進行。」

杜佛勒的看法是：在高度工業化社會，除了「極度抽象」的工作專家，如政策設計人、研究員、經濟學者必須到公司上班，以便和同事面對面的接觸外。其他「低度抽象」工作的人，他們大半的工作是輸入資料、打字、改正錯誤、統計總數、準備訂單等。這些工作幾乎可以不必和他人直接接觸，而就在電子住宅的家中完成。美國甚至有人發表過一種預測說：「到九十年代，雙向溝通能量大幅提高，人們都可以在家裡工作。」

基於這種需要，「電子住宅」應運用而生，這種住宅的功能，不外乎是有電腦終端機等設備條件，可以讓人在家中和工作服務機構的人，作雙向溝通。

這可以說是杜佛勒所預測的，未來第三波文明社會當中，「電子大家庭」出現的背景。預測這種背景，我們在國內也開始看到了一些徵候：那就是，有頗多以外銷為主的初級科技產品，是由分散在各個家庭裡的人所完成的。我們有些家庭，已經開始在發展中的工業社會扮演有用的角色了。

「電子大家庭」的狀況描繪

不過，我們所關心的最主要的事情，並非這些。而是人在未來電子大家庭當中，所保有的關係和地位。是我們在那樣的家庭當中，人生的面貌將會變成什麼樣子，人又可能會遭遇到一些什麼問題。

照杜佛勒的說法，未來「電子大家庭」裡的人的生活，至少有下述的情形，是可以預見的：人在家中所做的工作是：把工作結果送入電腦程式、寫文章、監督遠方的製造程序、設計工作、電子通訊打字。

在家中工作，意味著家人可以更親密的相處在一起。

在家中工作，可以鼓勵夫妻雙方分擔工作和管家的責任。如果夫妻各從事不同的工作，雙方就可以互相學習，共同研究，互相代理，因此增加彼此更多的了解。夫妻如此，兄弟子女之間的關係也是一樣。因此家人之間的情感，也會由冷淡轉為熱列。杜佛勒用「愛情加法」觀念來形容這種情形。

家庭功能的改變，會反映在男女擇偶的條件上。第一波農業時代的人擇偶，會考慮對方「能幹活嗎？」在第二波工業時代，婚姻被認為應該給與人伴侶、性關係、溫暖和鼓勵；到了第三波高度電子工業化時代，人們求偶，更加會注重對方的綜合性的條件和才能。杜佛勒擬了一首男子求偶的情歌，歌詞是——

我愛你的眼睛，你的櫻唇。
愛情永在我心底徜徉。
你那雋永的言詞、敏捷的反應，
你那熟練的電腦十指。

在電子住宅裡，孩子可以觀察父母親的工作情形。到了適當年齡，還可以參與工作。如此把年輕人納入工作行列，當可收到減低少年犯罪、心理疾病，和高度失業率的問題，作適度解決。

杜佛勒說：「電子大家庭不會妨礙個人生活，它在整個經濟制度中，生存的機會大為提高。這種大家庭構成的網狀系統，可以提供必要的商業服務，和社會服務。可以聯合推銷本身的勞務，成立自己的貿易協會。」附帶說明，未來的家庭形態，會有多種不同的樣式。比仿以男女單身為主，或以無依老人為主的家庭，都會存在。因此，杜佛勒說：「第三波文明，不會把每一個人硬塞進單一的家庭形態，而允許各人選擇自己所適宜、所喜歡的家庭生活方式。」不過一般而言，上述的「電子大家庭」的出現，可能會是一股主流。事實上，「今天的美國，有百分之六的人住在傳統的大家庭裡。到了下一代，這個數目可能會增加一兩倍，（有些家庭）甚至會包括與家族無關的外人在內。」「電子大家庭的興起，對社區生活、愛情和婚姻形態、友誼重建、經濟和消費市場，以及人的心理和個性，在在都具有重大的意義。」

以上杜佛勒所描繪的，未來電子工業文明大行之後，家庭形態可能的轉變。它的好處，是肯定了「家庭」將繼續存在，而且是以「大家庭」形態存在。同時，他也從家人因為工業生產上的需要，與倫理生活的需要並行不悖，將有利於家人和諧關係的維持。所不同的是，第三波文明中的大家庭，大家的工作不再是農業，而是工業。工作的場所不是廣闊的農田，而是設置在家中的工作檯，或各種工作處理機上。從人類求生存的觀點看，家庭之為整體經濟活動中的生產單位的，這一點並沒改變，只是這種在杜佛勒眼中被第二波文明弄得支離破碎，且變了形的家庭，到了第三波文明大興，又重新拼湊起來，復興起來了。

杜佛勒所提第三波文明的新趨勢的看法，其著眼點，都在於糾正第二波文明所造成的錯誤，所形成的人類生存上的痛苦，各個人性情和價值的被否定、原有道德標準的被摧毀、社會問題的層出不窮。以及現行工商業體制對於自身所造成的問題，已經無力解決，且其本身的運作功能也已漸漸殭化。杜佛勒就是針對這種情形的壓力，提出了相對的看法。他的看法，從諸多現實的情況看，都有事實根據，也正是現今社會漸次發生跟擴大之中的現象。

未來社會的人格形成

杜佛勒提到未來社會的人格形成，他認為：「第三波的目標，並不是創造某種理想的超人，或某種英雄人物，而是促成社會普遍性格的大幅度轉變。」

他說：「明天的孩子，可能會在一個托兒中心比較少的社會裡長大。」原因顯然是，復興和更新以後的電子大家庭，可以承擔這個責任……「孩子在家庭中，和成年人一起工作，比較不會感受到同輩朋友的壓力，將來可能會有更高的成就。」「第三波的企業，需要比較有彈性、速度快的人員。」「這些人很複雜、很獨特，他們以自己與眾不同為傲。他們正是第三波企業所需要的多樣化人員。」這是什麼樣的多樣化的人呢？杜佛勒認為是：「渴望更大的責任和更重要的工作，願意發揮他們的能力和技術。他們既追求金錢，也不放棄工作意義。」

杜佛勒顯然是把未來社會中的人的精神面貌理想化了，因為這實在也正是我們所希望它出現，所努力奔赴的，一種自我提升的境界。他的看法，先決條件是必須有一個高度工業化的富裕社會。因為必須如此，電子大家庭才有可能出現，才有出現的必要。必須如此，個人才有餘情去追求金錢之上的工作意義。就像蕭伯納談到工作報酬的時候說：「覺得自己所賺得的，是如許的自在，而不是如許的錢財。」一樣。這種希冀，不是落後地區，鎮日以飢餓為苦的人們所能了解的。

杜佛勒的看法，所引起我的關於人生諸事的感想之一，是從他的討論之中，體認到人性的強勁，不可搖撼。當然，這也有一個前提，就是必須讓人享有充份的自由，跟相當高水準的生活。在共產社會，他預測的種種就難能出現。我因此深信著，自由應該成為世人做人處世的基本原則。如果再加上人類現有的知識，加上工業化的技術基礎，事情才有可為。

敞開心胸，迎接未來新生活

我不盡同意杜佛勒先生的，是他那種單純的經濟或科技觀點，好像人性反而成了附麗於工業科技之上的東西。其實不然，人所以需要知識，需要工業技術，全是因為人要生存與發展。人可能因為求生的方法錯誤，使自身陷於痛苦。但人類不會甘於錯誤跟痛苦，就像個人也不會甘於差辱與墮落一樣。所以，人是主體，其他都從屬於人生活動的東西，是可變的。而人類追求合理與較好的生活，這一股潛在的動力，是永不可滅也不會改變的。

我中說這種意見的用心，是在於肯定人性的尊嚴，和人在時代推演中的主動性。在很多社會潮流的動盪中，個人的存在有時顯得渺小、脆弱、不堪捶打，但，個人人性中所湧動的向前向好的力量跟方向，卻是不可以忽視的。這正如當權的大人物或大老板，儘管常會漠視一位看來平庸的小人物。可是如果誰連他所代表的人生奮鬥的願望和真理也漠視不見，其後果就不堪想像了。

還有，西方人慣常有種偏見，就是只重視有形的東西，只看重物質條件，和外在的影響。事實上，人生活動的方面和層次更多，不是單純的科技和經濟活動所能概括的。人的同類意識、親族情感、愛美衝動，跟不斷的追求自我放大升高的無限潛力，尤其是人生追求的境界越高，也越要奔向於無形和無限的精神天地，把物質條件丟得老遠。這些，都是《第三波》一書所不曾討論到的事體，是人之所以為人的最寶貴、最重要的實力。人正該利用進步的科技，擴大自己的天地，發揮人生的潛能，把追求的目標提升得更高更遠更好，不能做科技的侍從呵。

《第三波》一書關於未來家庭和人格形成的討論，畢竟提出了令人鼓舞，跟樂觀的看法。

我的意思是：我們思索人生的事，不能光是在文學哲學的玄想中徘徊，或者在名人格言中領受教益。要知道人的知識和技術，都是人類心智活動的結晶，都受前人心智活動的影響，也足以影響後來者的心智活動。我們實在該敞開心懷，廣泛的去接觸、去體會。相信如此下去，我們的人生，會幸福而有盼望，充實而有光輝。

二十七、明日生活的訊息

介紹一個人一本書

上個月農曆春節，懷著相當喜悅的心情讀完了一本書《另一種生活習慣》。當時立刻有個想法，要把它介紹給更多的人知道。我所以會有這樣的衝動，並不是在於本書具有學術思想或知識上的權威價值，而是認為它其中恰好顯示了一種現在人大多很關心的，明日生活的若干訊息。

《另一種生活價值》這本書的著者是周兆祥先生，他在書裡介紹自己說：「我是個戰後在香港土生土長的孩子，爸爸一輩子在政府機關做文員。我的太太珮玲也是在香港土生土長的，爸爸是計程車司機。」他在香港大學讀書期間，由於對香港殖民地政府不滿，參加過學生運動，抗議不合理的「建制」。他大約稟性是個喜歡求新、擇善固執、反抗性比較強的人。年紀稍大一點以後，就自覺「跟自己爸媽弟妹已經不能再在理性層面溝通了。」岳父家裡訂的《華僑日報》，他也認為是「最反動、最無聊、最擁護腐朽建制的報紙。」自認也「也難跟看這種報紙的人溝通。」後來，他和太太都曾去英國唸書，在那裡結婚，生了孩子。留英期間的所見所感，看到他們被先進的工業污染所害所吃的苦，被資本主義消費社會帶來的浪費習性誤導。又看到他們和這種情況抗爭所採行的做法，對於什麼樣的生活才是現代人所應該過的「最合理的生活」，引起了深刻反省，對於怎麼樣才能改善現實的態度，也有了改善。他不再是盲目的批評埋怨、參加抗議活動，而是從自己的日常生活做起，默默地去實踐，去驗證自己的想法。

他現在改變得天天和岳父看同一份報紙，到了彼此可以互相溝通跟認同的地步。為了表示他反對當今世界到處橫恣泛濫的享樂主義、浪費生活資源，以及因此造成的環境污染的態度。他雖然在香港中文大學教書，卻偏偏不肯住在都市，而把家搬到離開市區的新界沙田的一條小街邊。他日常在家，不抽煙喝酒，不用味精洗潔精，不用塑膠袋，不買任何加工的食物或飲料。逐漸的也不吃肉食，不用紙巾，不裝冷氣，甚至於不裝紗窗。此外，他還不看電視，不買汽車也不搭乘公車。寧可每天騎八十分鐘的單車到學校去。到了都市以後，他不進超級市場去買東西，不搭電梯而執意的爬樓梯上去。他不參加中式喜筵，只吃自己種的菜，在郊區小店買東西，為著減少浪費，自力供奉，他甚至於自己造紙來用，排斥任何現代化塑膠製品等等。總之，他的生活是力求反樸歸真，避開一切現代化社會偏重物質享用的弊病。在實行儉約生活這一點看來，他幾乎該稱為「現代墨子」了。

他這樣的生活，終於引起了有心人的注意。香港電視台在一九八五年十月，徵得他的同意跟參與，以實踐的方式，用三十分鐘時間，加上他自己的解說，把他的生活實景，實情介紹給香港的觀眾。節目的標題，就照周先生自己的意思，叫〈我復悠然〉。

這個節目激起了香港社會很大也很複雜的回響。有的人表示支持他、了解他；也有的人反對他、批評他；更多的人是好奇的想多知道他為什麼要這麼做的用心，請他演講，邀請他為自己的報刊寫專欄文章。香港的無線翡翠台十一月份把他的節目重播了一次，亞洲電視英文台還把它改製英語拷貝，作第三度播出。他可以說是相當程度的風光了一陣子。《另一種生活價值》這本書，就是他所寫的專欄文章的匯集。文章是在香港影響力很大的《信報》上發表的，本書是由博益出版社發行。

周兆祥先生這一本厚達二百四十頁的書，他所表達的主要的觀念跟問題，概括的用一句現在流行的話頭來說，就是對世人經由發展工商業的途徑追求理想社會，所身受的「現代化文明生活癥候群」帶來的痛苦，表示抗議。並且，嘗試走出一條自己認為是對的生活方式跟價值標準。全書所申說的主張，包含了「反污染」、「反浪費」兩個重點。他認為，現代化癥候群的發生和蔓延，不僅破壞了生態環境，也傷害了世人的身心，扭曲了傳統的生活方式，誤導了人類締造文明的價值取向，走向反人文、反生命的道路。他認為，造成這種情況的基本原因，一是人類現有的覺悟和知識不足，以至於不能儘早的了解問題，發現問題；二是人性中的怠惰跟愚妄，導致世人陷於短視、貪婪和敗壞的深淵，還不自知。這兩種原因，是藉著都市化的生存方式進行著，吸引著世人投入其中，陷於痴狂的追求個人的物質幸福。已經投入的人，就算清醒了也很難自拔，眼睜睜的看著人類的生存危機不斷的繼續下陷，不斷的擴大。

對於上述的情形，世間有人把責任推給國家、政府或者資本家身上，用政治掛帥的偏執觀念去奪政權、鬧革命。周兆祥先生不盡同意這種態度。他認為，個人的無知，無勇或因循，對於造成今天的後果，也要負很大的責任。他因此在本書的「台灣版序」中說：「這份報告，是一個二十世紀末的中國人，反省過當前的社會結構、現象、思潮之後，提出個人在這個階段的見解。」他說他「控訴的對象是全人類──包括作者自己，罪名是做不仁不義的兇手、剝削者、壓迫者。」

周先生不是第一個發出這種呼聲的人，不過，在亞洲，以像他這樣的方式，付出像他這樣的虔誠和行動的，他卻是頭一個。他的表現，決不是他個人的怪異行徑，不是他不甘寂寞，有意的表現出被別人諷示的「耶穌基督情意結」，做香港人的救世主。而是他的行為確實代表了一種來到眼前的趨勢，代表了現代社會覺醒的人的態度。

環境污染和資源浪費，只是世人「現代文明生活癥候群」的表層，我們該真正關心的是……。

周兆祥先生的書，它最該重視的另一點，是他在世人陷於環境污染和資源浪費的困窘以下，更挖深了一層，很理性的分析出造成這種後果的原因所在。也就是現代都市化的生活方式，擠壓、陶鑄出種種人群觀念和行為的新樣式、新習性，才是現在世人生存危機的源頭。

《另一種生活價值》這本書，對於現代都市化生活所加在世人身心的不良的影響，有如下的描述：

●「城市不是三合土森林，而是三合土牢籠。森林至少還有活動的自由。城市裡完全不人道的擠迫環境……那裡比得上森林？」「城市人的問題，緊張、暴力相殘、同性戀、強姦、精神病、胃病、心理病，無不是動物生長在被囚的條件下，才普遍表現出來的反常行為。」

他這話正應了前英國首相邱吉爾的一種說法：「不是人造房子，而是房子造人。」本書作者也講：「養一頭貓在十八樓C座，已經是罪孽，何況養大自己的孩子？在什麼地方長大，就變成了怎麼樣的人。這是宿命論。」他說，城市人自然會用城市人的心態和價值觀去看世界，而「城市意識的幾個最大的特色，就是物質取向、無名無根、依賴、講實際、無個人價值。」

●「今天大城市居民，簡直就像太空船裡的太空人那樣，每分每秒吃的食的呼吸的排泄的，都要大隊後勤人員支持輔助……試想我們天天需要多少千萬人『服務』才能生活？公共汽車司機、快餐店廚子、收銀員、水管匠……醫生、警察、貨車司機、搬運工人、建築司……」都市人習慣於被人服務的方便，依賴他人卻反而對他人漠不關心。另一方面又失去了像鄉下農夫那種凡事自己動腦動手解決問題的能力和意願。身在福中不知福，又使人的智能無法正常發展。這情形，使得個人越發軟弱無能。整體而言，全球人類「住在城市裡的人超過了總數的百分之五十……從生態資源的角度說，地球不可能長期維持平衡，支持大城市那種浪費又污染的生活方式。」糟的是，世人大多不知道有這種危機。

●城市人享有的是「碎裂關係的人生」。因為，人在都市，別人「只認識你的一面，最多也是兩三面……你大可以在不同的圈子裡，做一個不同的人——在爸媽面前是乖孩子、在同事中間是埋頭苦幹的職員、在……這種片片碎的關係，不但令城市人人格支離破碎，還因為它隨時可以改變，而令人迷惘失落，久而久之，不知道誰才是自己……人與人、人與物的關係不再固定，甚麼也不生根。」「在城市生活，你還要鍛鍊出視人而不見的本領，在街上跟一千人擦肩而過，卻要當他們全都不存在，這是自衛性的盲目。」另外，他又引述「心理學家說，漠視別人存在，是令人精神非常疲苦的事。」人生活在這樣的兩難之中，怎麼會不苦？不麻木呢！

●城市生活的另一種矛盾或危機，是看似「方便」，卻並不方便；看似新奇，卻千篇一律。因為，在都市裡，交通擁塞、休閒活動空間太少、住處狹小、犯罪案件多；很多人在大廈上班，在燈光下做事，終年難見天日；早晚匆匆來去、趕路買物、上學，反而諸多的不方便；大都市的建築及市場乃至於貨物包裝及陳列設計，初看似乎新鮮，實際卻是「千篇一律，沒有變化，沒有驚喜。」周先生說：「我喜歡遊西歐國家，提不起興趣遊北美，部份原因也在這裡——在美加，從東岸到西岸，連熱狗可樂雪糕的味道也大同小異。」真正的問題是現代都市的「城市設計、制度的安排、立法執法欠妥，及經濟或政治環境」等等，都和這種發展有關係，都促成了這種發展，危機顯然是越來越深刻化了。

●以上各種問題落實在個人生活中，就形成了本書作者周兆祥先生對現代化事物的反抗。他提到某些香港人稱電視機叫「傻仔箱」，認為那是叫人越看頭腦越笨的東西；他形容單車叫「清潔脆弱的兔子」，危險兮兮的走在為汽車方便設計的馬路上；說汽機車的排氣管是害人的「兇器」，汽車是噴「毒霧的怪獸」。再加上都市的日光少，空氣污染，加工的速食品多；天天大聲喊叫、鼓勵人去買東西的廣告太多；塑膠製品泛濫；商品包裝到處丟棄，都是造成環境污染、資源浪費的原因。而這些又都跟現代的科技化、工商業化的過度膨脹有關係。他厭煩、他氣惱，竟至於說：「非洲有兩人餓死，我難過（因此更不肯浪費一粒米）。太空梭炸死了六人，我有點痛快。」

他這種反應，看似有點過份。但，你也不能說他毫無道理。因為這在今天，已經不是他一個人的感受和苦惱了。世界各國的人，特別是在經濟高度發展的地方，很多人都正在為環境污染所苦；為著個人越來越被看成單純的消費者，買不起或不肯花錢買「名貴商品」的人，就會有「不如人」的感覺所苦。「惜物」或「惜福」本是自古相傳的生活中的美德。現在，卻被批評為「違反經濟原則」，彷彿是「反社會行為」了。有人統計，「一個美國公民耗用地球上的資源能源，等於一個印度公民的十一倍。一個香港人（照周先生估計）相當於大陸同胞的十倍八倍。」在周先生看，這固然顯示了印度和中共政權的無能跟落後，就「同是生而為人」這一點比較，他覺得不大公平。如果節省一點過日子，並不影響生活上的溫飽、方便跟現代化，為什麼不能這麼做呢？

聽歐美風聲陣陣，此處的風景竟是「與眾不同」

說周兆祥先生的書不是他一個人的反應，而是代表頗多人的想法，跟一種趨勢，是有事實做根據的。《另一種生活價值》的末章，就列舉了如下的實例：

英國聖公會溫徹其特主教約翰．泰勒，為了抗拒上述世人浪費資源的趨勢，發起了一個「喜樂抗拒運動」。鼓勵大家節制消費，不信廣告，不買昂貴的東西，多找朋友聊天，找不花錢又健康的休閒運動。約翰．泰勒主教寫了一本書叫《足夠，已經足夠》說決心逆流而上，組成一個人數越來越多的少數派。勸大家過富裕又有靈性的生活。

英國另一位聖公會的執事霍勒斯．戴默斯副主教，發起推行一項「生活方式」運動。以簡單的「飢餓午餐」，只吃乳酪麵包。邀集同好，集中意見，推動反浪費的新生活。

美國明尼阿波斯市的厄爾．派克等人，發起了一項「簡樸生活運動」。希望由白人做起，普遍推行，發展成一個跨國運動。對挽救頽靡不振的世風，有所供獻。

在挪威，原是廣告業健將的埃里克．達曼，突然放下廣告工作不做，寫了一本書《未來在我們手裡》，從此在北歐各國展開了另一個新生活運動。達曼先生說：「我們現在吃盡苦頭，互相傳染戕害的疾病，就是物質主義、競爭、名譽狂熱、妒嫉，對其他的人麻木不仁。」北歐各國，每個月有近千人直接投入這項運動，形成一種新的世風。

英國聖公會領導人大主教唐納德．科根，也在一九七五年發表演說，反對物質主義，強調節約跟屬靈的生活。十週之後，有兩萬七千人寫信給他，支持他的主張。因此，和不同意見的人發生了一場全國性大辯論。

這情況使我們想到，周兆祥先生在香港所做的，不正是上述各式新生活運動的東方版麼？另外，最近，國際傳播媒體，曾經提到跟這種發展有關的情況，就是美國社會上所謂「雅痞」的失寵或遭人嫌棄。說是「雅痞英雄」民主黨的蓋瑞．哈特，因涉及緋聞案退出總統提名競選。使社會對他們的印象為之一變。去年十月，全球性股市風暴，有些美國人更把責任歸咎於雅痞階級揮霍無度。大家對於他們手帶名錶、乘名車遊艇、出入高級俱樂部、寧養名犬也不願生兒育女的行為，感到厭煩，表示反對。影響所至，連廣告媒體都不再借重他們，因為他們太虛假，消費者不再認同他們了。這現象也許又可以看成是周兆祥先生「吾道不孤」的明證。想想北歐北美新生活運動的風聲陣陣興起，向我們吹來。我們此地，若干自以為走在前面站在高處的人，卻動輒大聲說話，呼喚另一種風雨。偏沒有人把這方面的問題放在心上。反而，另有人發出端正社會氣的呼聲，又常被人說成是官式八股，是一點「趣味」都沒有的「老套」。風景是如此不同，所顯示的意義，又是什麼？

「另一種生活價值」，雖是老話新說。卻包含有明日生活新的訊息。

放眼當今世界，自由社會和共產社會的兩方面人民的生活，都到了「窮則變」才能繼續生存發展的關口。自由社會人生的難題，已如上述，共產社會的人所面臨的生活難題，則是連起碼的公平、溫飽、方便和機會開放，都還不容易得到。現在的情況顯然是：世人為了避免更大的生存危機，開拓未來的好景，正逐步由過與不及的兩極端，向中間調整。這種來自兩方面的趨勢，根本上都是由民間興起一股不得不這樣的力量推動著，步調上卻並不一致。在自由社會，人們是自愛的、比較理性的，出發點所在的層面很低，還只求生活的自由和溫飽上。無論如何，用稍稍長遠的觀點看，今後世人的生活，將大致走向物質富裕和精神比較平衡，環境污染改善，資源浪費得到抑制的方向，是全球一致的目標。用這樣的觀察做背景，來看本文所介紹的《另一種生活價值》，會容易得到妥當的對待，它其中所包含的人類明日生活的訊息，方能得到肯定。

此處所以花這麼多筆墨介紹周兆祥先生的「另一種生活價值」，一則是它所顯示的生活哲學的價值取向，跟我們所一直認同的中國人傳統的態度，頗相一致。他的主張，其實不過是老話新說，為老的問題加上現代人新的詮釋而已。二則是認為，周先生並不全然反對物質文明，他所嚮往的是一種折衷平衡的人性化的生活，這也是我們所一直信守不變的態度。周先生引用西方人「綠色哲學」的一大原則是：Think globally, act locally，勸人有全球性觀點，卻要從自己當前所在的地方做起。也是中國人一貫的生活態度：目光遠大，務本求實，有堅強的自主性。這些，肯定就有中國人明日生活的訊息，就表明著未來幸福人生的方向。把握住這一點之後，我倒是並不想勸世人都學著周先生去做現代文明社會的「苦行僧」，騎著單身在大都市裡奔走，過「清潔脆弱的兔子」樣的生活。我總以為，你只要把人生的理念弄對了，方向也弄對了。人生的意義就掌握了大半，就不必在意是騎單車或者是開汽車趕路。因為速度和舒適，也是人生的一種需要，何況汽車也總會有不再噴放毒氣的一天！

二十八、關於「好人」的隨想

這情形對世人的含義是什麼？

我的關於「好人」的隨想，是因為最近對於如下的種種情形感受良深，引發出來的，這些情形如：

其一，一位女影星，被人公然指出在商場購物時有偷竊情為。她否認，說事情出於店員的疏忽，為了找回自己的清白，決定訴請法律解決。這裡想提請世人注意的，不是這件事兩者之間的是非，而是它的象徵性意義：那就是，似乎至少從表面上看，這世界上的人，眼中再也沒有做人的典型，公眾人物的象徵性作用，被撕破了。

實在說來，用這位影星的事做引子談「人的典型」問題，並不適當。因為，有些在社會上顯得突出的人，本沒有成為典型的條件，所以，才有人漠視他。可是，我們也不能否認，有很多該成為典型的人，卻同樣受到世人的橫眉冷對，得不到應有的肯定。

其二、例如，即使世間最平凡的人，一朝為人父母，也一定會為子女付出最大的愛心、最多的辛勞和盼望，因而有幾分偉大。可是，如眾人所共見的，今天的父母，也是招致社會最多指責，和子女最多怨懟的人。難怪有越來越多的人，寧肯做只要自由加愛情的「單身貴族」，不願為人父母了。

其三、情況不僅是如此，許是出於人性中同樣的理由，現在有人對於分明是為大家點燈照路，把幸福和希望帶給大家的人，指名叫姓的罵，甚至於詛咒，甚至於揑造傳聞，恨之慾其死。

其四，有種情形，相信很多人都注意到了。從前孩子們看電視劇，常會問：「誰是好人？誰是壞人？」現在，他們卻很少這麼問了，他們只關心下一段的情節會怎麼樣。看戲的人是如此，戲劇的製作也是這樣。以前的戲劇，各種角色造型，是惡人惡相、善人善相。現在不同了。現在，越來越風行讓長相英俊體面的人扮演反派角色，精彩的戲，又總是跟著反派人物轉。正派人物也有戲，那戲看多了也叫人洩氣。因為，不過是讓好人千篇一律的受磨難吃苦而已。所以，現在的孩子玩耍扮戲，大家會爭著扮演壞人。「演好人有什麼意思？」壞人的戲反而有人看，好神氣。這就難怪，有人感嘆著講，古人說「人皆可以為堯舜」，現在的人似乎多相信人皆可以為盜跖了。（世人大概沒有想到，「從卒九千人，驅人牛馬，取人婦女」的大壞人盜跖，居然是坐懷不亂的柳下惠的弟弟。一個人的惡行，究竟該由誰負責，太值得深思了。）

人們一定會問？情況為什麼會弄成這樣呢？對於這樣的問題，有的人會一口咬定：「都是政府不好。」反正「政府」成了當今世界上最好欺負的人的代名詞。「民主時代麼！」比較不同的人，會像以前法國羅蘭夫人一樣說：「都是自由惹的禍！」更比較不同的人會說：「這分明是當今人類的文化和社會生了病，才會這樣子的。」當然，更有人講：「千說萬說，人性實在是很複雜的東西，是人自己不夠好。」

問題真的是越說越複雜了，這裡想先請世人想一想的是：這一切的情形，對於世人的含義是什麼？我們還要不要做好人？我們的社會真的不需要好人了麼？

好人寂寞的新理解

如果，把好人看成是人生真理的追求者和實行者，看成是文明幸福的人生的見證人跟守護人，相信會得到眾人的認同。如果，把宗教中的神，看成是永恒真理，超人力量和人格的代表，最近世界各國的宗教（特別以佛教、基督教為例）分明是正在蛻變復興，而不是沒落。這件事該是世間需要好人的證明。

世人常有一個誤會，誤以為是尼采宣告了上帝的死亡，人已覺醒，世間沒有神了。豈不知，尼采先後在兩部書——《歡樂的智慧》和《查拉圖斯特拉》裡講過「上帝死了！」這句話是他對當時德國現實情況的感嘆，而不是他對真理的宣告。他真正的意思是說，宗教的意義失落了，宗教的作用也沒有了。尼采因此在講過這話以後，不分白天夜晚，提著燈籠去街巷尋找上帝的影子。最後他說：「是我們把上帝殺死了。」他真正的意思是指，宗教的叛徒把上帝殺死了，所以，世道衰微，人生痛苦，人們都迷失了。

尼采以後，中外世人不斷的發出期待的呼聲：有的人埋怨「眾神默默」，有的人吶喊人生「荒謬」，有的人「願天早生聖人」，有的人急切的「等待英雄」。這一切的一切，落實在世人實際生活中，都只在表明一個意義：呼喚真理，需要好人。

既然如此，世間的好人為什麼偏多受苦？好人為何是那麼寂寞？這是一個非常古老問不完也答不完的常新的問題。

記得，有人曾說過這樣的話：「喜歡孤獨的，唯巨獸與神」。這是說，孤獨，由於它是超凡，超一般現實的存在。世人的「好」，有各種不同的層面，有「最大」也有「最小」。比如：有些人造福百世，在思想學術事功和人格精神上超越常人。他們是一直走在前面，站在高處的人，如孔子、釋迦牟尼、愛因斯坦、我們的 國父孫中山先生等都是這種典型。在他們當時，在他們成就最突出的那一部份，他們是很孤獨的，他們沒有得到世人立即的、普遍的、真正的了解。世人後來知道，他們才是不折不扣的好人。

好人所以會孤獨，不僅是由於他的先見或某些成就的專精，也由於他們超人的固執和真誠；由於這兩性質相加相乘所產生的，超人的勇敢，超人的聖潔。這些，普通人比不上他，而且，和他有很大的差距，眾人因此沒法不讓他孤獨。

這情形是說，寂寞也有它「好」的一方面的意義。這意義的另一面，就是眾人的軟弱或平凡，無知和愚妄，使得世人永遠跟不上好人的腳步。甚至於，好人在前面給眾人帶路，眾人卻阻攔他，要絆倒他，錯看了他，而且，還侮慢他。這使得「好人」的寂寞，有時候顯得很沒道理，是非常可怕跟不幸的事情。這也是社會很多災難的根源。

在一般的層面看好人的寂寞，人會發現，凡配稱為好人的，他們幾乎都有安於平凡的性情。他們做人，總是對內在的良心負責，默默地做目己認為對的事：幫助他人，或者在世間撒播溫情和希望的種子。正由於一般的好人，都看重自己內在良知的認可，凡事必求心之所安。所以，精神上他們是自立的、自足的。他們不爭競世俗的名位、報償，甚至於排斥它、厭惡它。認為為善而求人知！就不是真善，而是偽善。偽善是他們所不屑為的。

現在的大眾傳播媒體，至少在這一方面，有意無意間把人間的是非給弄亂了。因為，一件事被認為是不是有新聞價值，不是從善惡性質來判斷，而是偏重於它的怪異性和稀少性。報紙上就是因此才充斥了犯罪新聞，使得罪人的惡名響亮，盡人皆知。有所不為、有所不爭的好人，反而「寂寞」了。傳播媒體不自檢討改正這種偏失，反而又傳播一種觀念，讓世人以為一個享有如名貴商品樣「高知名度」的人，就是一個成功的人。如此這般，世間有越來越多的人，朝這方面追求。終日奔走，孜孜為名、孜孜為利。社會上「成功」的「知名」人物多起來了。好人能一直守護實行的公道、仁愛等使眾人和諧共處，以及使生而為人的人活得莊嚴而有價值，有大作為的學術文化，漸漸地被擱置遺忘。好人「無名」，道德學術也似乎「寂寞」了。這種情形日久了，表面的後果是社會上的秩序和價值標準崩潰，人民的生活糜爛混亂，越活越艱難、越乏味。深一層的後果是整個社會越來越沒有溫暖，思想貧困，活力消失，終於殭化後退，歸於崩解，或被征服，恰應了「多行不義必自斃」那句老話。

從這樣的觀點看如上述的情形，我們知道過份的讓「好人寂寞」正是一個社會和文化生病，是不幸和苦痛來臨的象徵，是值得大家關心和警惕的事情。

要是從另外一個角度看，人會發現，好人一般都相當耐得住寂寞。也就是說，真正的好人比較不怕寂寞，反而是鄙視那些被孔聖人看做浮雲的「不義而富且貴」。這裡所謂「好人寂寞」，是從好人身外的環境說話，認為和社會上太多人享有的榮華、名聲跟權位比起來，好人是寂寞的。世人要是一直坐視這種情形，讓它繼續的存在、氾濫，也是不公平的，是有害的。因為，好人不爭什麼，卻不能什麼都沒有，不能什麼都不給他。相反的，社會上的好人如果都被高舉起來，世間的人就有福了。

讓好人像世間的菩薩、金剛、天使、火把……

前面講的，社會讓「好人寂寞」的害處，在一個完全封閉、貧窮落後的社會尤其嚴酷。因為，在那裡，世人立身行事所依循的標準，不是善良的人性，和永恒普遍的道德律法，而是像秦始皇當年那樣「以吏為師」，像今日共黨的「政治掛帥」，後果真的就很可怕，就「不可救藥」，人民也會不堪苦辱。若是在自由開放的社會，一則好人並不會全然寂寞；二則社會上多元觀念和勢力的互相激盪，加上總是佔有比較多數的好人主觀性的發生作用，自然會把社會前進的方向調適導正，內部也保持相當的和諧。前人有句話形容眾人的智慧運作，說「分而愚」、「合為神」。其實，這是在自然和平的情況之下，才是如此。在另一種情況之下，集體化的群眾，反而使個人智慧和意志成為無用，成為被人愚弄操縱的暴力的化身。三十年前，筆者看過一部電影，演歐洲文明的歷史。畫面上，但凡危機和苦難來臨的時代，人民生死像草芥一樣，被殺、被燒，都是波瀾壯闊，千萬人頭鑽動。凡是由黑暗轉向光明的時代，畫面都是只有一燈如豆，只有少數人，甚或一個人在那裡埋頭工作跟苦思。這情形予人印象至深，太有啟發性了。

以上的話，並非說好人必須是一個一個獨立的存在，彼此不相聯合。而是指明，抹煞了個人的善良動機，和自由判斷的眾人，往往會站到好人的反面去。好人不能夠成群結隊麼？正確的回答應該是：能。因為好人的特色，就是他能把握並且堅持人心所共信共行的原則。因為這樣，好人比較更容易彼此溝通，跟被人接納。

現在，國人受了西方知識界的影響，也在傳播一種理論，說人的好壞，不該用善惡二分法來畫分。善惡的標準是相對的，不是絕對的。一個人行為善惡的分辨，得看他所處當時的情況來決定。同是一個人，今天為「是」，明天可以為「非」。這種說法，在道理上雖然可以成立、可以被接受，過份的推廣這種觀念，運用在實際生活層面，就產生了兩種後果：一是大家不重視善惡的分辨，也不以犯罪為恥，社會亂了；二是一旦有人犯罪，當事人跟有些所謂學者專家，總會處心積慮的把原因和責任，由犯罪的人的身上向外推，似乎讓人以為，只要是有人不好，就一定是他的家庭、他的學校，或在他所在的社會有問題。如此這般，當事人就無意對自己行為的後果負責了。這樣再演變下去，弄得世間從此沒有壞人，也沒有好人了。這種情況的後果是什麼，相信世人都親身感受到了。

本文在此談關於好人的話題，用心所在，與其說是為好人捧場，不如說是要標榜好人所代表，世人幸福生活所需要的那些做人的好品質，如慈悲、博愛、和氣、忍讓、勇敢、奉獻犧牲、公道、和平、勤勞工作、儉樸、誠實等等。因為，太多的經驗告訴我們，人，要想享有自由、幸福、進步發展，又有尊嚴的生活，倫理學比社會學更重要；自己的抉擇比他人的影響更重要。也就是因為這樣，這裡才敢於向世人呼籲，好人要勇敢的堅持下去。社會要用更多的目光和掌聲投向好人，把好人高舉起來。進而人人把自己作為好人的賦性發揚出來。這樣，好人在社會上，就會像天使、像菩薩和金剛、像夜晚的燈光、冬天的火把那樣，把我們的社會人生弄得更好。這樣，生而為人的我們，就不會再為世間過多紛擾不幸，憂戚落淚了。

二十九、浮生說「愛」

雖然這是個被人說透、說膩，也似乎說累了的老舊話題，在當今人世間，它卻讓出色當道，多產多銷的「知識」、「名利」、「自由」、「無知」跟公然的「惡意」等排擠得，除非它變質走樣，就快沒有它存在的空間了，所以我……

（一）

世間人人都需要愛，喜歡，也自覺很懂得愛，但是也人人都自覺他沒有得到所想的最美的足夠的愛。設想愛神如果真的來到人間，恐候會是被世人懇求、埋怨、抗議最多的神明。從人的情理看，把愛播散在人間的這位神明，居然可能是得到的瞭解和謝意最少，頂寂寞的一位。世人要是如此任性的「厲害」下去，不虓心愛神發威嗎？

（二）

要問「愛是什麼」？全世界的人，答案真可能是一人一個，又沒一個人敢說他的答案最標準，最好，最讓自己滿意。愛實在是關於人的最淺也最深、最難談的問題。

由於這種原故，加上有些人把愛講得讓人覺得怕怕。許多人甚至於害怕被愛，也害怕受命去愛別的人，或事物。比如有人把愛講成是一種思想跟哲學，或者認為它是人生的道德和責任；或者只指出它對外放射，犧牲奉獻的形式上的一面，叫人感到它是嚴肅而又沉重的，它並不快樂。

也有人把愛講得很甜，很美，很偉大和很神秘綺麗，這也害人不淺，因為，當他們真的去愛或被愛了，就會體會到，其中還有很多別的東西。

比如愛中有甜，也有苦澀；有舒暢，也有煩累；有溫香和諧的美，也有冷冽怨恨和醜陋爭鬥，有盼望的充實，也有絕望的虛空。大愛的心，會使你的人生激慨動人，芬芳莊嚴；它招來的，卻也可能是世人的誤解、冷淡，甚或喧囂的咒罵，跟惡風惡氣的反對。最叫人心疼的，是你會發現，愛你讚美你，和誤解你厭棄你的，還是那一群世間人。

（三）

尋常的愛溫馨，非常的愛冷冽；短暫的愛逗人，長久的愛平淡；順適的愛短淺，坎坷的愛深長；男女之間的小愛，是文學，個人與社會國家之間的大愛，是政治或宗教。世人動輒說：愛文學，不愛政治，不信宗教，其實是人生的「半吊子」。從政跟傳教的人要是沒有大愛的情操，不是壞蛋，就是惡魔。

科學家在實驗中發現，從老鼠的食物中，去掉了錳，母鼠就不再照顧小老鼠了，於是就說：母愛，就是「錳」的化學作用。類同的實驗，又聽說正義感就是「鋅」。

這事情會使人想到「性」與「愛」的分別，或者說「物性」與「人情」的不同。中國人傳統看人間的愛的態度，著重「性情」的純美跟契合，而「性情」是「一個」東西、「一件」事，不能分析的。我們看人，雖然並不忽視他的儀態，卻更關心他的性情，一個人的賢或不肖，高雅或低俗；乃至於對夫妻朋友之間的關係的評價，全從這個觀點說話。

現在的人追求愛，特別是男女間，越來越偏向於只講「性」，不談「情」了。前人的愛，是「但願人長久」，現在的人，你跟他說愛要「長久」，會被他嗤之以鼻，客氣點會冷笑著走開。大概就由於這樣，當今男女、朋友、家人間的愛，被物化、感性化、情緒化成令人不堪的醜陋和兇殘。人為什麼要親手撕碎自己生而為人的面目，墮入獸行跟魔鬼道呢！

（四）

人類很早就知道，愛雖是人的性情中原就有它，就像構成宇宙生命的其他原素，必須不斷的在陶煉中提升、成長，和其他原素作適告配合，才能顯現它更大更強更富美的價值。比如礦砂可煉成鐵，又煉成鋼，煉成更多更高性能的合金鋼。也因為這樣，西方人才說：愛是需要學習的，愛的顯現，有各種不同跟相關的層面，在所有愛的各層面中，性的需求，是最根本也是最低的一層，由性往上提升，是情，是道德，是各種人文的創造。我國古聖人把這種事講得很玄虛，像是說：「天命之謂性，率性之謂道，修道之謂教。」很不易懂。其實，人只要本著原有的賦性，去做喜歡做該做的事，再順乎自然，一層層的向靈提升，向外擴大，就對了。

青年男女在初戀時，話總是揀好聽的講，夢總是揀如意的想。到後來，天下的夫妻，無論是貴為君后，或是貧民身分，都免不了要嘗遍人生甜酸苦辣的滋味。就在這樣的過程中，軟弱的人變得剛強，急燥的人變得溫和寬厚而富有智慧。也因此，人為愛受苦，卻並不後悔。我曾想，要是人在一開始談愛的時候，就對他說：你必須情願心甘的陪我經歷這種種的事，相信絕大多數的人會被嚇跑。當今歐美社會，婚姻外男女同居，又不願生養孩子的人越來越多。就是這種過分強調愛的知性有了偏差，所得的結果。這些人彷彿是把愛給看「透」了。但，我懷疑他們真正懂得愛是什麼。只能說，他們的「知識」和「自由」把真愛埋葬了。

（五）

如果說：人是天體，愛是光。它的意思是：愛必須是向外，向他人照射，才有作用和意義。人對自己專情，不能叫做愛，人的心如果讓自己佔滿了，就會被自己的身影遮擋住他全部視線，使他看不清外面的世界，也沒法從外面得到愛。這樣，他一切其他的所得，就都會「走樣」或者「乏味」。再說，人這個天體的光，無論它向外照射的角度可以放得多大，拉得多長，總離不得發光的原點。照射得越寬廣，原點所受的肯定也越大。愛的發生，最初是出於強烈的主觀，最後卻有賴客觀的反射來完成它。這也許就是愛的相對性意義吧。愛的這種相對性，又偏是絕對的。

（六）

基督徒說：「上帝是愛」，我對這話的另外一種體認是：「真愛中有神明」。真的，高度真誠的愛，會使人有超乎尋常的感受力和放射能。別人無動於中的事，你會知道它的存在。因此，相愛的人容易靈犀相通，有默契。也因此，相愛的人彼此相信，容易溝通；更因此，你像是有了某些神通，或者用現代科學的話說：你會有高度微視和宏觀能力，就像你身上隨帶有超高頻雷達跟聲納一樣。你這種能力，會使你在必要的時候，現出佛徒所說剛勇的羅漢相、金剛相、慈悲的菩薩相；或者是基督徒所說的天使相、道家所修的神仙相，這是說：真愛，會神化人生。《中庸》一書裡說：「不誠無物」、「至誠如神」，這些話從道理上解釋，一般人聽不進，若是他曾經認真的愛過，你只須稍一點化，他豁然就明白了。

（七）

我看，十八、十九世紀以後的西方文學，跟求知態度，把人類的「愛」誤導了，傳統的中國文學和論學態度，就不會這樣。原因是西方文學中的「愛」，常是訴諸激情，求知則為了專精，必偏向一端。西方文學中相愛的男女和英雄人物，全都是激情使者，激情和偏執一端，又最容易互相聳動。這樣的人物做事，誠然是夠突出了，場面和情節也夠看了，卻不過是製造一段驚人故事，把人間的愛渲染得彷彿是很美了，卻實在也把愛的真相扭曲了；把相愛的人彷彿是高舉了，卻實際是摔碎了。最後是用悲劇性誇張，來顯示其內涵的偉大，卻忘記了，在真實人生中的愛，必須也總是濃淡適中，緩和圓潤，不即不離，是滲和著理性，要儘可能做得週到的。在家庭中，激情的父母往往是子女眼中的暴君；夫妻間濫用激情，也必令人不堪。尤其要知道，激情加偏執的愛，常常導致令人滴血垂淚的演出，這一類的表露，在實際人生中，是可以作假的。

還有，西方人用激情塑造故事主角和情節高潮的態度，已經投射到其他方面，成為搞群眾運動，突出某種意識型態的法術，而這些個觀念跟做法，又全都被國內的人搬了過來，手之舞之的在文學和政治運動上使出來了。值得注意的是，有的人逞弄激情，不是說「愛」，而是講「恨」，中國人曾經為這種情形所傷，到今天還在咀嚼著它留下的苦果。

（八）

雖然常有人慨嘆著世風日下，我還是深信，在我們的社會上，多的是堅貞芬芳，感人至深的各種愛的故事。只不過這些故事，在記者眼裡不合乎「人咬狗是新聞」的稀少性條件，都沉潛在社會人生的下層。有人說，在擁有知識、財富和名聲越多的高層社會裡，愛越稀薄。難道說：真的是「高處不勝寒」，被蘇東坡說對了？這裡，我寧願相信，愛會永遠的存留在人間，我這樣確信，老實說，不是我認為愛是人生少不了的「好」東西。而是明知道「愛」是世人從一出生就帶了過來的，它是人類生命的條件，也是生活的原則。我們人人想愛、會愛、需要愛，願意為它做任何事。與其說是做人的使命，不如說是生命的科學或自然律，是不可抗拒，也逃避不了的。我們甚至可以說：「人、就是愛。」

明白了這些，你就知道，那些「不」愛、「非」愛，把虛假殘狠當大智慧，在人間討便宜的，事實就是在用自己的行為告訴世人，也告訴自己說：「別把我當人看」！對於這樣的人，你厭恨他也不對，因為「愛就是要愛那樣不可愛的」，何況，他把自己作弄成那種樣子，已經足夠無奈和悲哀了。

三十、坎坷歲月，代表人物

最近拜讀了張拓蕪的新書《坎坷歲月》，老覺得心裡有些話要說，我的話其實並不能給張拓蕪的人跟文章增添點什麼或者減損什麼，我只是想把自己一直想說卻沒有說，現在又被他的新書引發起來的話，傾吐出來，「自我淘汰」（註）一番。因為我相信讀書最大的好處，還不在於得到知識，而是在於好書能撼動我的心靈，把我自己並不知道卻本來就有的東西引發出來，讓我有一種生命被人照亮或自己發光的喜悅，動機實在是很自私的。

讀張拓蕪的書中，讀〈危難時代〉、〈人生行路〉、〈我曾經愛過〉等文章，我總覺得自己不是在讀「書」，也不是「欣賞」「文學作品」，而是面對當前我們所處身時代，和我們所走過的人生的路。我相信，張拓蕪寫書，他的本意，不是像有些人那樣矜矜持持，文文乎乎的從事「文學創作」。他只是處在當今的時代，生而為人，有話要說，也正是因為這樣，他說出來的話就跟別人的「文學作品」不同，就讓人覺得鮮活一些，你沒法對它無動於衷，他的書，寫苦辣酸甜的人生滋味。讀過以後想想，他其實是替自己、也替很多跟他有同樣的經歷的人，大聲的說著一句話：「我曾經愛過。」我相信，連曾經說「你還沒有愛過」的張曉風女士，也會承認這一點。

我當然不是說張拓蕪的書不是「文學作品」，而是說，他的東西跟現時有些一心二心要當作家、要擠入中國文學史的人的東西實在不同，他寫的文字，不僅僅是樸素、自然，也不僅僅是有個性，最重要的，是他的作品真正反映跟代表了我們這個時代人生面貌的特色，吐露了危難時代中國軍人的心聲。這種特色，我想藉美國詩人朗費羅的話來形容，他曾說他在世當時，美國的文學語言「不缺乏優美，而缺乏粗獷。」我認為我們今天的文學也是這樣，張拓蕪卻做到了這一點，而且，做得很好，他的男性嫵媚，做得粗獷又不失美感。

我知道有些人也有這樣的看法，不過，他們要表現的粗獷有力，不夠真實，太像日本人的「書道」，弄出一種故作矜張的架式。他們喜歡用「大」字，用「野」字，用「豪邁」、用絡腮鬍鬚的人物造型、用流血五步的廝殺場面等等。可惜的是，這種描繪給人的感官是只有架式，沒有實力、沒有內在的強勁充實之美。而且，很不「現代」，太「古式」了。張拓蕪的文字，正像我也相當熟悉的現在人的戰鬥性的生活，有些簡單跟粗糙，有發自內在的力量、性格跟熱度。這股力量，遇弱則柔，遇強則剛，也平凡、也偉大；也卑微、也激揚。在張拓蕪的文字中表現出來，煞似平劇〈古城會〉裡，和關羽見面時候的張飛，有一種倔強中帶著謙柔、明朗中帶著忸怩的模樣，我把它稱之為「男性的嫵媚」。看了叫人禁不止含笑帶淚，心裡舒泰，興奮得搔首扭身，再也維持不住原先矜持的架式了。如他寫自己不再去「OT室」做復健治療，在家自己活動的情形：OT室不去了，一時頗有頓失所據的徬徨。星期一、三、五的白天該做什麼呢？自己扶著沙發背作起立蹲下，在陽台甩甩手、踢踢腿、扭扭腰枝、抬抬臂……門口來往的人多，他（她）們偶一抬頭，就看到我在作『秀』。這光景……別人注意我不高興，別人視若無物不理睬時心裡又氣悶不過……既怨天、又尤人，既自卑又狂妄得緊，越來越對自己厭惡。

他形容聽紀弦朗誦現代詩：「真是一種至高無上的過癮和刺激！『戀人之目／黑而且美／十一月的／流星雨。』四句詩，短得不能再短。詩中雖包涵了熱烈如熾的戀情，口氣卻是冷冽，像說別人的故事的那般旁觀。」

他寫當時鍾雷先生戰鬥詩的好，說：「或許有人認為詩素稀薄了些。但在三十年前……文藝人口不多，你儘唱一些柔情蜜意，軟不啦嘰的陽春白雪，誰來欣賞？你必得脫下西裝，扔掉領帶，紮起褲管，捋起袖子的深入到群眾中，去唱鐵板金琶的下里巴人，才合乎時代的需要。」

他還有些生色的短句，看了叫人喜歡、覺得珍貴。因為現在年輕人的文章，再也沒有這種既古典又樸素的語言之美了。如：他在「OT室」看到楊惠敏女士，說：還有一位滿頭銀絲的老太太，也是徐庶進曹營——一言不發，任憑照顧她的看護中心小姐怎樣逗她，她連嘴角都懶得牽動一下。

他寫以前在軍中兵演兵的康樂活動，其中有些尷尬趣味：「如果你閒著沒事，嘴裡哼哼啊啊的話，晚會上準會叫人給揪出來……大家起鬨，長官拉下臉來，把你弄到場子中央照『單身相』。」他就是喜歡對別人起鬨的人。但「夜路走多了就會碰到鬼。有次副總台長就把我揪出來，說：「你小子每次乾起鬨，一定藏了奸。好，今天就拿你開刀。」

就我個人而言，讀這樣的文字，不只是一種享受，簡直就該當做是美的生活，值得去捕捉品嚐。精致文化，是藝術的巔峰，也是創造的來路。

現在，有人提倡「精緻文化」，對這一點，我的支持是有所保留的。我認為，我們在科技上講求精緻，是千該萬該；在公務跟禮儀的處理上講求精緻，不要粗疏，也是好的。唯獨在文學藝術創作上，與其講求精緻，就不如追求創新和豐富簡單之美。因為文學藝術上的「精緻」，固然是藝術的顛峰，卻也是創造的末路。千餘年前，南朝人沉浸於精緻文化的玩賞，結果如何？今日台澎，還要使南朝風景在這裡重現嗎？要知道，文化上過度的精緻化，會導致國民精神的柔弱消沉。前人所謂「玩物喪志」，主要就是針對這一點說的。張拓蕪在《坎坷歲月》中有這樣的話：「人之強於萬物者幾稀」。

他所指的「幾稀」之點，是思想，是屬於內在的強而有力實質性的東西。他又說：「我這個卑微的小人物，如果還有可取之點，那便是真實。」我由這種觀點看出，張拓蕪乃是我們這個時代的一位代表性的「真人」，他把自己說成是「不精緻的人」。這一點，至少在文學藝術方面來說，我跟他的「所見略同」。我認為：文學藝術的過度精緻化，會導致文化女性化傾向，我們現在需要培養孕育的，是生猛有力，開闊創造的大國民氣慨。「精緻」云云，中文名詞不如改稱為「精密」或「精準」，讓科技專家去刻意講求吧！

我說張拓蕪以「不精緻的人」形容自己，還有別的用意。就是為中國人「兵的文化」的萌生，嘗試替張拓蕪跟與他同樣的現代中國人作「定位」的工作。

我最近讀雷海宗先生著《中國文化與中國的兵》，發現雷先生所見，和今日中國有張拓蕪先生這樣「文化之兵」存在，有可以相通的關係。

雷海宗先生在書中〈無兵的文化〉一文，有這樣一段代表性的話：秦以上為自主自動的歷史。人民能當兵，肯當兵，對國家負責任。秦以下人民不能當兵，不肯當兵，對國家不負責任。

因而一切都不能自主，完全受自然環境（如氣候、饑荒等等）與人事環境（如人口多少、人才有無，與外族強弱等等）的支配。

雷海宗先生真正的意思有幾點：一、秦以上的周代，是封建制，國為諸侯所有，那時保衛國土是諸侯貴族特有的權利和責任，只有他們才能當兵。所以兵的素質好，當兵是特權、是榮譽。他說：「在整部的《左傳》中，我們找不到一個因膽怯而臨陣逃脫的人，當時（當兵）的人，可說沒有文武的分別。」我們想想孔子教人的內容，也相信這一點。二、秦以後的兵，越來越以流民乃至罪人為主。徵兵制沒有了，或者有了也沒能徹底實行。兵對國家和自己的身份失去了責任感和榮譽心，兵的水化文準也無從說起。雷先生認為：漢代的兵，在素質上不能和周代中葉以前的兵相比。漢武帝時武功的造成，靠的是將，兵的素養反而大為低落了。這樣的「兵的問題」，一直拖延到明清，沒有解決。形成了他所謂「無兵的文化」。三、在「有兵的文化」的周朝，八百多年的政治和社會，有不斷的變革演進。秦以後「無兵的文化」時代，歷史雖然治亂循環，國家的政治、社會卻是在固定的形式和內容下「更迭排演」，「大致可說是漢史的循環發展」。結果是：文武分路，文人柔弱，少有通曉武事的。文人更不當兵，到了亂世，文人又常常結黨誤國，或清淡避世。以流民為主的兵，往往成為流寇，禍國殃民。國家政治和民族文化因此所受的傷害，真是大得無法估計了。

看了以雷海宗先生的意見，我們再想到民國建立以來的中國兵。大體上，北伐以前的兵，和今天大陸共軍的兵，和早期以亂民為主的兵，沒大分別。抗戰時期，國家實行徵兵，抗戰末期，大量知識青年投入軍中當兵，這以後，不曾讀書的兵，也因為軍中教育和社會國家大環境的變遷發展，變成了是有相當文化水準的新時代的兵。我們由今天國軍中的兵，反觀近三十餘年國家社會加速進步的情形，證實了雷先生的看法，確實含有相當的真理。我們再由這一點看張拓蕪的出現，和他的作品為社會廣泛接受。他所代表的意義，就極大且極不尋常。我們說他是中國歷史「有兵文化」再出現時期的代表性人物之一，該不會錯吧！

張拓蕪大兵文學的歷史象徵地位，應該不僅是回顧的跟現實性的，更有它明顯的前瞻性。因為將來知識份子當兵，文武合一的趨勢，是必然的。這情形對於國家民族未來發展的良性影響，也是可以大致肯定的。不過，本文願在這裡指出，以今天的「兵」去寫作或研究軍事以外、跟戰鬥性生活以外的，一般知識份子所謂的「文學」或學術，算不算「兵的文學」跟「兵的文化」呢？抑或兵的文學跟文化，僅僅限制在軍事活動和戰鬥性生活以內？這是值得大家深思探索的問題。照雷海宗先生著作看，他指的是有制度化標準化的兵的國家文化，文化一詞是廣義的。從張拓蕪的作品特色看，大體上他該是屬於後者，就是所謂「戰鬥文學」或「軍中文藝」的範圍，一部份也屬於一般的文學和文化範圍。以上這二者孰是孰非，我這裡沒有答案。只是想，張拓蕪這一生，他做了中國軍中代馬輸卒的最後一波，卻是有兵文化再來的初期，大兵文學的前哨。現在和以後的人，要深入的研究這一段戰爭史，或二十世紀中後葉危難時期中國軍人的臉譜，應該把他的書作為必須參閱的資料。他真是不虛此生了。何況他想做能做的事，還不止我們現在所看到的。真盼望他能更加賣力的揮動他的大筆，走向更為寬廣和長遠的創作之路，那是很多人所樂於看到的事呀！

註：好友張作錦早年常喜歡把「自我陶醉」，故意說成「自我淘汰」，以此自嘲，或諷勸他人。

三十一、在人生航海中為自己定位

先以航海為例

人生如航海。西方有人說：地球上佔五分之三面積的海洋，就是人類的「內太空」。這麼說，航海和太空的探險旅遊，也有其相同跟可以相通的意義了。

航海學告訴我們，人類的海上航行，有一個時刻不能忘記、必須弄個清楚的問題，就是要知道你此刻在什麼地方？你航行的方向是什麼？有沒有錯誤？因為有了誤差，你就沒法達到你預期的目的地，還可能會遇上觸礁、擱淺，跟不測的漩渦，遭到可怕的災禍。所以，觀測和判斷自己的船位和航向，是航海者時時刻刻不停地要去做的一件事。

通常，在離開陸地不遠的海面航行，你可以根據航海圖，再對照眼睛可以看到的地形地物，如山影、小島、海岸線、燈塔等，來判斷自己現在到達的位置，這種靠地面目標來測定航向和船位的方法，叫「地文航海」，是比較容易做的航海術。可是，如果你的船要去南非和美國，當船隻走到太平洋或印度洋的中央，沒有地面目標供你去觀測判斷船位和航向的時候，你除了靠海圖、羅盤、測海的儀器之外，就必須用六分儀等比較高科技的工具，和遙遠的天上的星辰打交道了。你除了知道什麼地方是磁北和真北相差多少，還得知道什麼時候什麼星座在你的頭上，它和北極星的關係位置，然後，根據它來測定你的船位和航向。實在說來，一個人在茫茫無際的大海裡，憑著看不見的遙遠的磁北跟星座，測定自己跟它的關係，決定自己的航向，是一件近乎神祕很抽象的作業，初次遠洋航海的人會覺得這事情簡直有點玄虛，它真的可靠嗎？事實告訴我們，它真的可靠。像這種在遠洋靠天象測定船位和航向的方法，叫「天文航海」。

單就航海活動的趣味跟困難度來講，多數人會說，這麼看起來，「地文航海」固然好玩，「天文航海」卻更常有挑戰性，更有吸引力。有的人會說，航海活動，只在陸地的邊緣跑有什麼意思？要玩就去玩遠洋航海。

青少年朋友作文時，把人生比做航海，往往只描寫航海過程中的暴風和巨浪，卻不知道航海對人生的象徵性意義，還有更深刻的層面。那就是：如果你不甘於只追求眼前伸手可及、容易拿到又容易消失的令人生膩的一切，而希望走向更高更遠更美更大的境界，就不能太近視，不能不靠像天一樣遙遠、抽象的知識、理則和信念，來決定自己的航向。

用這樣的觀點看人生，你會發現世間的人，大體上可以分為三種類型：其一是地文航海型：就是生平只追求眼睛看得見、耳朵聽得到，跟身體其他感官可以感知接受的現實真象世界。這樣的人比較務實，對於改善家庭和社會生存的境況，常常有很具體的供獻。其二是天文航海型：就是經常注視遠方，堅信抽象的理念和原則，凡事能見其大，注重對人生事態有全盤和全程的了解，把握其中不變的永恒性因素，輕視可變的、切近的、瑣屑性的事務和知識。這種人比較「不務實際」，卻是在較大的人生活動中，很少犯錯的人。其三是天地文航海折衷型；就是既務近又務遠，既顧實際，又能握緊抽象理念和原則，因時因地制宜的人。這種人由於務遠，即使丟掉一些切身的利益也不在乎，卻決不肯在大的原則上讓步。又由於務近，凡事也一定切乎情理，願意對煩人的現實利害關係得失變幻，冷眼旁觀，加以包容，或作選擇性的接受。以上這三箇類型的人，在目前的社會中，地文航海型的人最多，也受人注目，有成就感。天文航海型的人則比較孤高、自信，用世俗的眼光看，他們相當寂寞。但，文明的現代國家如果少了這種人，或過分的冷待這種人，必會招來深刻的不幸。天地文航海折衷型的人，最合乎我們中國傳統思想中「執其兩端用其中」的中庸精神。其實，較早的英國大詩人拜論也講過，做人的態度應該是「半塵、半神，不宜沉溺和翱翔。」可見連浪漫派的歐洲人在做人的態度上，也是以折衷為好。

不過，這裡所著意強調的，倒並不是天地文航海折衷型，而寧願突出天文航海型人物的特色。希望有更多的人從事人生的「天文航海」，至少也該多多去探討接受其中的智慧和理念。我為什麼要這麼主張？容我在下面說。

請想想你為什麼心煩

如果你不甘於做一個意氣消沉、感受力痲木的人，我敢說，你現在一定常覺得有很多心煩的重物壓抑著你，使你有想長長的吐一口氣，或者拉長喉嚨唱一首歌的衝動。為什麼你會這樣呢？這其中的道理也許說來話長，言人人殊。但下面的幾種情形，相信會被你首肯，認為講得有理。

首先，我敢於肯定，你心煩的事決不是因為你和你的家人沒飯吃、沒衣穿、或者沒房子住。而是因為一些離開你實際生活比較遠、一些說具體又有點抽象、說遙遠又感到很切身、說實在又屬於理念性的東西出了問題。你也知道，正因為你衣食住行生活上的實際問題都解決了，你才會越發的重視這方面的問題。而如果這些問題不解決，你現在擁有的一切，都失去了更大的作用和應有的意義。這恰像你在航海途中，船上的一切設施、配備和人員，都運作正常，不缺少什麼。可是，你卻遭遇到船位和航向判定上的困難。比如你遇到海上的亂流和風暴；遇到烏雲滿天，看不到天空的星辰；或落上有了人事上的變異，有人對現有船位和航向表示反對和質疑，要阻亂駕駛的操作，這必的你該怎麼辦。

容我把話落實下來講，我認為目前讓你心煩的事，是這樣的：「知識」、「財富」、「自由、民主」，這三樣數千百年前古人夢寐以求，絕大多數人卻一直得不到它；對於當今世界很多地方的人，也仍十分遙遠，求之不得的，讓世人活得幸福尊貴的好東西，我們全得到了。然而，得到了這些好東西以後的世人，所見所感受到人生的境況又是如何呢？你請看！

「知識」原是人類解決問題的經驗結晶，今天有太多知識分子，卻是那麼習慣於或熱中於用知識提出問題、製造問題。知識的增加，原該有助於世人認識自己，認識人之所以為人的責任和價值；原該有助於讓人開拓更大的生活領域，更高更聖美的人生境界，建立世人對人對世事和真理的信心。然而，今天的知識分子，有頗多人有了知識以後，他人生的責任心、價值感非但沒有提升、沒有淨化跟強化，反而是弱化了、退化了，甚至於消失了。這些人面對世人時，他們所大聲講論的不是信賴和信心，而是著意的強調「懷疑」和人的「叛逆性」。是扔掉了責任的包袱，假個人「自由」。跟「權力」之名自我膨脹。這種情形，小而言之，是丟掉了神、丟掉父母、丟掉他認為可忍可恨的道德感和聖賢英雄崇拜。甚至於說：「我是我自己的神祇」，為所欲為。進一步，曾經有越來越多的人，自以為把什麼都看破了、參透了。於是，就不要婚姻、不要子女，只要屬於自己的愛情。由於他們認為「這樣的自由真好，如此這般，婚前性關係、婚姻外男女結合，就「理所當然」的流行起來，在我們這裡也見怪不怪了。大而言之，大學裡、社會中，總有些人在明裡暗裡利用知識醞釀偏見、蒸發仇恨，在他們手中知識成了社會不安、人生惶恐的酵母。有些人有了知識之後，偏狂得連和自己的父母作觀念溝通都有問題，知識膨脹之後的他，成為爆炸性的又危險又孤絕的人。這究竟是怎麼一回事？難道基督教聖經「舊約」裡說：「末世知識就必增長」，真的是講對了。難道已故的共黨頭子毛澤東認為：「人，書讀得越多越蠢，真的有什麼道理？」

「財富」原被人看成是予人方便、幸福人生的要素。世人一直把人生一切問題的解決，一切夢想的實現，寄託在財富的獲得上。兩千五百年前的管仲有這種心態，才努力使齊國富足強大。他說過：「衣食足而後知榮辱，倉廩實而後知禮儀。」大家是知道的，生活富足完備的好處，連佛家有名的法藏比丘也承認，他發大願經營完成的西方極樂淨土，也是一個金璧輝煌，物資文明發達精緻到極點，國內的人個個生得端莊美麗的地方。法藏比丘就是後來的「阿彌陀佛」，是東方婦孺皆知的生命的救主。就今世來講，我們在台澎、金馬地區的中國人，就是因為國家利國富民政策施行的成功，才能使我們免於飢餓凍餒的匱乏之苦，享受到現代社會物質文明進步的種種幸福。情形雖然是這樣，我們還是不免要問：為什麼在我們的社會裡，卻有那麼多人被財富的追求，作弄得那麼醜？那麼苦？那麼兇殘？有些人為了錢財，不惜撕破了自己做人的臉面，把一切無情、不義、違法、敗德，甚至於非人的事全部做出來了。他們自己以為夠狠，也真是狠。因為，對他們自身而言，他們為財富付出的代價太大了。他們有的送命、有的坐牢、有的去國，有的在陰暗躲藏中過日子，還不幸累及妻兒父母。除此而外，財富的追求，不知道使多少年輕氣盛的人，顛倒暈眩，迷失了人生的方向。面對這樣的情況，我們勢必不能不想到，生而為現代人，財富對於我們，它究竟是什麼？我們究竟該怎麼對待它呢？

說到「自由、民主」，它迄今為止，還是舉世公認的、較好的政治制度，跟生活方式的價值判斷的標準。世人看一個國家政治的好壞、社會生活的進步或落後，通常是以她民主自由的尺度的大小，或情況好壞而論。若從個人安排人生由觀點看，自由民主使我們對自己的事有更多的裕餘或權利，為自己作決定、作選擇，也有足夠的機會跟管道，對社會國家表達意見，貢獻心力。換言之，自由民主的社會，一則可以提供個人充分展現自我的空間；二則又因為她的走向取決於大多數人的意見，所以，她又理所當然的可以使真理、正義及公共利益，得到保障和發揚。如此說來，自由和民主，似乎應該是如「韓信用兵」、「多多益善」。然而，實際上好像又並非全是這樣，為什麼呢？

因為我們眼前的事實分明是：政府在宣佈解除戒嚴、擴大民主自由尺度新措施推行以來，新出現的報紙、集會法，頻頻發生的街頭運動、議會爭執，和接連而來的民眾「自力救濟」，青年飆車風潮、假貌偽善的教會活動等等，使有些人對於該怎麼樣做一個自由民主社會的人，感到迷惑了。他們想問：難道自由民主就是「反對主義」的別名，是公然惡意的包裝？難道容忍非法、恣意說謊、扭曲事實，也是自由民主的必要條件麼？做一個民主自由人，面對這種情形，他該怎麼自處？誠然，有這種迷惑的人也知道：「人上一百，形形色色」，有些事故發生，總是免不了的。但，問題的關鍵是：分明肯定是邪惡的、破壞的、虛謊的人與事物，是否該為了自由民主的原故就讓它存在？換言之，我們要民主自由，就必須具備甘願做被害人的性格？我們真該這樣麼？

試想，有以上這麼多問題擺在眼前，困擾著你，人又怎麼會不心煩？可是，除非是心死了，你又怎麼會甘於心煩？不設法檢點自己、調整自己，弄清楚你人生現在和未來的走向是什麼、弄清楚自己該做個什樣的人、走什麼樣的路呢？也正是因為這樣，筆者才忍不住告訴自己對同在這種境遇中的人說：「該擦亮眼睛，為自己定位了！」

三十二、從幾則美國的訊息想起

其一：與日俱增的恐懼感

今年四月一日，法新社從美國俄亥俄州某地發了一則消息，說：一個出生在某小鎮的新聞工作者，離家四年，完成了二十個國家兩萬五千公里環球徒步旅行以後，回到家中。他眼噙著淚對母親說：他很想念「美國熱狗、巧克力乃昔和辛辛那提紅人(棒球)隊」。他曾經在泰國被強盜攻擊，在土耳其以間諜罪名被捕，在澳洲險些兒被洪水沖走。然而，他認為比較上這些都事屬尋常，他最難以忘懷的感受，反而是來自國內。法新社記者這樣寫著：「但他發現自己的國家——美國——因為『日增的恐懼感，與人怕人』的氣氛，則是最艱難一段路程。」

其二：越戰以來，美軍首次投靠蘇俄

四月二日，美聯社從莫斯科發出一則消息。說：一名美國軍人叫羅勃茲，偕同他西德籍的妻子紐曼，一起投奔蘇俄，蘇俄政府已經宣佈給予羅勃茲和紐曼夫婦政治庇護。

美聯社記者是根據蘇俄外交部發言人吉拉西莫夫的談話，越戰以來這是美國軍人首次投靠蘇俄，因為他痛恨濫用自由。

其三：受夠了雜七雜八的自由

這件事使人想到去年十一月上旬出版的《美國新聞與世界報導》的〈小語錄〉裡，有這樣一則記載：有個在美國住了九年的俄國人貝利金(Alexander Belikin)，決定重返蘇俄的共產社會去，離美前，貝利金對人說明他所以不願留在美國的理由：「我已經受夠了那些雜七雜八的自由。所謂自由，實際上是對任何人都沒有用處的任性。」

其四：

「好人的時代」已經過去了，在這件事發生前一個月，去年十月六日出版的另一期《美國新聞與世界報導》的另一則〈小語錄〉，記載著雷根總統在內布拉斯加州，為州長候選人凱歐(Kay Orr)助選時，所講的幾句話。

雷根說：「尋找好人的時代，已經過去了。我們共和黨現在要找的，是最佳候選人。其他沒有什麼可說的。」

有感

此處特別提到這幾件事，用意不在讓我們這裡的人知道美國有什麼事情發生，或發生了事情又怎麼樣。也許這些事在美國人來說根本司空見慣。就算它真是越來越發尖銳和深刻的問題，也該讓美國人自己去操心。本文想說的是：發生在美國人身上的事情，對於此時此地的中國人，有沒有什麼啟發性的意義？我們每一個人都該靜下來想一想。

自由並不是越多越好

首先我們該想：那樣一個愛美國的人，為什麼會覺得美國社會，有「日增的恐懼感，人怕人的氣氛？」情形如此，是否是由於蘇俄人貝利金所講的：美國人「對任何都沒有用處的任性」的「雜七雜八的自由」所招致的？這情形，是否也就是美國軍人羅勃茲偕妻子投向俄共的理由之一？雷根總統的美國「好人不再」的近乎憤怒的惆悵，是否也跟這一點有關係？

我們這樣想，把問題焦點突出在濫用自由上，就覺得前面引述來自美國的訊息，對於我們的實際意義就很明顯了。我們當然知道美國也有很多光明面的事實，不斷發生。因為這樣，雖然他們的社會有使人「日增的恐懼感」，美國卻還是美國。美國人在世人面前還是滿拉風的活動著。也知道我們既然選擇了自由的生活方式，就該接受某種程度的錯誤跟混亂。因為這些自由的併發症，不只是難免的，也怕是必要的。這恰像我們要初生的嬰兒健康活潑，早一天站起身來走路，就不妨任他在地上跌爬，弄髒衣服，摔痛了小屁股一樣。不過，道理雖然可以這麼講，我們卻寧願看重美國信息另一方面的意義，就是自由這東西，無論是對國家跟個人來說，都應該適可而止，都不是越多越好。因為我們分明已經看到，有些由於濫用自由所產生的苦果，不只在美國有，也漸漸地感染到我們這裡來了。

「自由」幾乎成了「反對主義」的別名

例如：人們把封建君主專制推倒，建立了基於民意和自由的生存體制。卻有人假「自由」之名反對這個體制；自由要靠人的理性來導引維護。卻有人要憑著激情來駕御它，要擺脫理性，奔向詭詐奸巧、暴力和獨裁性格稱霸的海洋。甚至於，自由在今天，幾乎像共產主義一樣，成了

「反對主義」的別名。由它滋生出社會和個人非理性的、不負責、不受教、反秩序、反文化傳統、反一切價值標準的、自虐自毀的性格跟行為；像胡搞同性戀一樣，有些人縱身跳進虛無主義「愛滋病」的深淵還不肯自省，還道理很多。

我們也從美國某些人的行事上看出，似乎在他們心裡，誠實、道德和真理的追求，既然各人可以有自己的解釋，就沒有必要一直堅持它，完成它了。權謀、力量和利害抉擇，才是自己的行動原則；既然在自由之下，各種錯誤都可能發生在自己身上，社會也難得全然的純淨完美；既然發生在希特勒跟共黨統治下的某些醜事，間或也會在美國出現。世間誰是好人誰是壞人；那裡是好的社會跟壞的國度，就很難說，也似乎不必強加區分，互相防範和敵對了。

更因此，對於來自伊朗和共黨國家的辱罵，就覺得自有他們的道理。對於堅持道德原則跟反共立場的人，口中不言，心裡卻老嫌他缺少彈性，看起來怪怪的。因為，做自由人就不該堅持完美，自由就是不完美，就不要固執己見。如此這般，世事就被攪弄得真假是非莫辨。誰是敵友，也不必分那麼清了。看看今天眼前的問題，你能說這些話離開事實太遠，能說這種黑白混淆的情形，跟過度擴張自由的念義沒有關係？

如本文前面講的，我們此刻不是替美國操心，或把自己的問題歸罪別人，只是藉以上的陳述引發自己人的省思。事實上，以美國那麼雄厚的資產，廣大的國土、富強的國力、累積了兩百多年的民主自由的文化基業，目前他們還當得住若干錯誤的搖撼。就是這樣，美國的有心人士也已經以各種方式發出濫用自由為害日深的警報，滿有「憂患意識」的大聲疾呼了。（美國人這種警覺，至少在工商經濟和科技文化層面的情形，讀過《第五代》、《大趨勢》和《美國再開拓》等書的人，會知道這一點。）再看我們自己，今日此地，我們一方面沒有美國人所有的雄厚的資產，卻另有他們所沒有的巨大的甚至可能是立即的挑戰。我們更有美國人所無的，消滅國內共黨政權，為中國人開拓輝煌未來的理想，要去實現。因此今天的中國人，理當全神貫注的朝著前方越來越近的目標直奔，那能任性的學美國富家子的模樣，為「雜七雜八的自由」揮霍時間和心力呢？

自由竟成了某些人公然的惡意

我們對濫用自由存在戒心，也因為過分的脫序，失去行為準則和安全的社會，會為共黨所乘。也知道，正因為真正的民主自由，還沒有在國民生活中形成人人共信共守的強固的行為標準，反而有人拿自由當皮鞭用來抽打別人；當火把用來燒大家賴以為生的房子。他們以為，反正大家並不真正懂得自由；反正多數人總是甘於沉默；反正自由的政府會優容他們，這其中他們的好處可就多了。這樣，自由就成了某些人公然的惡意。要怎麼樣才能解決我們的問題？我們需要怎樣的自由呢？

這問題最後的標準答案是沒有的。這裡只想說一句話：西歐和北美那種源自十七、十八世紀的自由觀念和制度，似乎是不宜「照單全收」了。想想我們近三十多年獨特的反共圖存的成功模式，在我們是勢所必然，一磚一瓦建造起來的。在地球上其他的人，特別是西方社會的政客跟知識份子，卻全然是個意外。百年以來，我們習慣了被人看輕，自怨自貶。以致國內曾有人誠惶誠恐的對外國朋友講說我們的這個那個不是和問題。對方卻說：三十多年，你們做出這麼好的成績，就證明你們做對了。外國人又能拿你們如何呢！這話使我又想起英國大菩提會副會長包樂登氏(Mr. B. L. Broughton)的另外幾句話：「中國人必能找著自己的出路。中國人自己找著出路之時，亦即是為全世界人找著出路之時。」他深信佛法將拯救世界有說：「中國人有了一部妙法蓮華經，還要向外馳求什麼？」

中國人該領先建立世界觀的新自由論

別以為以上引述的這些外國人的話跟自由無關。有！而且有決定性的關係，那就是我們對自己的信心。試問，沒有這個，自由又從何談起？

因此我大膽的狂想：中國人該起來建立適合於今日中國和未來世界的新自由論了。西方人以個人功利主義為基礎的自由論彷彿該有所修正了，整體與個人不必矛盾，理想和實際必須兼顧。是否可以拿我們祖先發現的「執兩用中」的政治原理，跟「道並行而不相悖」、「致中和」的生命原則，作為料理人生世事，律定自由分際的根據呢？這方面的道理，或更多層面的探索，深信我們的學者專家會集中智慧，找出一條路來。

設想要是我們真的這麼做了，或許所得到的結果，決不只是不再有充斥街頭「沒有用處的任性」的「雜七雜八的自由」困擾我們；不只是社會不再有「日增的恐懼感，人怕人的氣氛」。還可能會因此把國家跟世界人類的自由生活，推向一個現在雖然沒法全然預知，未來卻一定比現在更好的幸福的新境界。

國家圖書館出版品預行編目

真是神話人生 / 何坦著. -- 一版. -- 臺北市
: 秀威資訊科技, 2004[民 93]
面； 公分. -- (語言文學類 ; PG0032)
ISBN 978-986-7614-70-4(平裝)
1. 論叢與雜著
078　　93020924

語言文學類　PG0032

真是神話人生

作　　者 / 何坦
發 行 人 / 宋政坤
執行編輯 / 李坤城
圖文排版 / 莊芯媚
封面設計 / 莊芯媚
數位轉譯 / 徐真玉　沈裕閔
圖書銷售 / 林怡君
法律顧問 / 毛國樑　律師
出版印製 / 秀威資訊科技股份有限公司
台北市內湖區瑞光路 583 巷 25 號 1 樓
電話：02-2657-9211　傳真：02-2657-9106
E-mail：service@showwe.com.tw
經 銷 商 / 紅螞蟻圖書有限公司
台北市內湖區舊宗路二段 121 巷 28、32 號 4 樓
電話：02-2795-3656　傳真：02-2795-4100
http://www.e-redant.com

2004 年 11 月 BOD 一版
定價：350 元

讀　者　回　函　卡

感謝您購買本書，為提升服務品質，煩請填寫以下問卷，收到您的寶貴意見後，我們會仔細收藏記錄並回贈紀念品，謝謝！

1.您購買的書名：__________________________

2.您從何得知本書的消息？

□網路書店　□部落格　□資料庫搜尋　□書訊　□電子報　□書店

□平面媒體　□ 朋友推薦　□網站推薦　□其他__________

3.您對本書的評價：(請填代號　1.非常滿意 2.滿意 3.尚可 4.再改進)

封面設計____　版面編排____　內容____　文/譯筆____　價格____

4.讀完書後您覺得：

□很有收獲　□有收獲　□收獲不多　□沒收獲

5.您會推薦本書給朋友嗎？

□會　□不會，為什麼？________________________________

6.其他寶貴的意見：______________________________________

____

____

____

讀者基本資料

姓名：__________________　年齡：_____　性別：□女　□男

聯絡電話：______________　E-mail：__________________

地址：____

學歷：□高中(含)以下　□高中　□專科學校　□大學

□研究所(含)以上　□其他______________

職業：□製造業　□金融業　□資訊業　□軍警　□傳播業　□自由業

□服務業　□公務員　□教職　□學生　□其他__________

請貼
郵票

To：114

台北市內湖區瑞光路583巷25號1樓

秀威資訊科技股份有限公司　　收

寄件人姓名：

寄件人地址：□□□

(請沿線對摺寄回,謝謝!)

秀威與BOD

BOD（Books On Demand）是數位出版的大趨勢，秀威資訊率先運用POD數位印刷設備來生產書籍，並提供作者全程數位出版服務，致使書籍產銷零庫存，知識傳承不絕版，目前已開闢以下書系：

一、BOD 學術著作—專業論述的閱讀延伸
二、BOD 個人著作—分享生命的心路歷程
三、BOD 旅遊著作—個人深度旅遊文學創作
四、BOD 大陸學者—大陸專業學者學術出版
五、POD 獨家經銷—數位產製的代發行書籍

BOD秀威網路書店：www.showwe.com.tw
政府出版品網路書店：www.govbooks.com.tw

永不絕版的故事・自己寫・永不休止的音符・自己唱